JN122490

マドンナメイト文庫

相姦白書スペシャル 忘れられぬ熟母の裸体

素人投稿編集部

相姦白書スペシャル　忘れられぬ熟母の裸体＊目次

※本書に掲載した投稿には、読みやすさを優先して、編集部でリライトしている部分もあります。なお、投稿者・登場人物はすべて仮名です。

第一章

禁忌の欲望に狂わされ一線を超える母子

婚約者がいながら実家に入り浸る実子の漲る肉欲を満たしてあげる五十路熟母！

杉本麗子　主婦・五十歳

もうすぐ私の息子が結婚します。

夫からも周りの知り合いからも「溺愛《できあい》しすぎ」と言われるほどかわいがってきました。本当ならいつまでもいっしょにいたいというのが本音です。

でも息子も二十五歳です。そういうわけにはいきません。高校時代に初めて女の子とつきあって以来、何度か恋愛して、時には手痛い失恋をしたことも知っているので、やっと結婚が決まったときは母親として素直にうれしかったし、結婚前から二人で同棲すると言い出したときも、喜んで送り出したのです。

私も五十路《いそじ》になりました。もういい加減に子離れしなければならないと思っていました。だから、早めの同棲をきっかけに息子から卒業して、これからは夫婦二人きりの生活を楽しもうと思っていたのです。

ところが思ってもないことになりました。婚約者との生活を楽しんでいるはずの息子が、ときどき帰ってくるようになったのです。

何か用事があるというわけでもないので、最初のうちは実家がなつかしいのだろうと思っていました。甘えん坊なので、いきなり婚約者と二人きりというわけにもいかず、たまには親の顔を見ていっしょに食事したりしながら、少しずつ新しい生活に慣れていくつもりなのだろうと、何も言わずに見守っていたのです。

相手の女性は息子より一歳年下の、仕事で知り合った女性です。一年ほど交際しての結婚ですが、美人だけれど芯の強そうな人で、甘ったれな息子をきちんとリードしてくれそうなタイプです。言いたいことははっきり言うような感じの女性なので、いっしょにいると気詰まりなのかなとも思いました。

「まあ、いろいろあってね……」

息子に何かあったのかと尋ねても、そういう返事しかしません。べつにケンカしてるわけでもなさそうなので、あまり干渉しないようにしていました。

ところが、最初のうちは夕食だけだったのが、だんだんうちに泊まることが多くなってきました。

「真実《まみ》ちゃん、さびしいんじゃないの？」

そう尋ねても息子は素知らぬ顔です。

「うーん、大丈夫だと思うよ」

少し心配になってきたのですが、そのうち知ってはならない秘密を知ってしまいました。うちでお風呂に入っているとき、息子が浴室でオナニーしていたのです。

新しいバスタオルを持っていったとき、浴室がやけに静かで、ただ息子の小さな声だけが切れぎれに聞こえてきました。その声には聞き覚えがありました。感じてるときの息子の声なのです。

思わず聞き耳を立てていると、やがて「ううう」と切羽詰《せっぱ》まったうめき声をあげました。

私の脳裏に、息子のペニスから白い精液が勢いよく飛び出る光景が浮かびました。ああ、まちがいない、自分で性欲処理してるんだと思うと、なんだか複雑な気分になってしまいました。

私がなぜ息子の射精の場面を知っているか、それには理由があります。

じつは高校時代、私が処理してあげたことがあるのです。高校時代に初めて女の子とつきあうようになった息子ですが、セックスがなかなかうまくいかず悩んでいたようで、自分の部屋でこっそりAVを見ては勉強していたようです。それをたまたま見てしまった私は、なんだか不憫《ふびん》になり、つい手を出してしまったのです。

そのときのことはいまも忘れません。

「大丈夫よ、自信持ってね。まーくんのペニスとても立派だよ。この硬いペニスをね、ほら、ここに入れるんだよ」

AVの画面を指さしながら女性のアソコの構造を教え、挿入する角度や、出し入れする速さなども教えてあげました。すると息子は私にペニスをいじられて興奮してしまったようです。

「母さん、もっと手を動かして、シコシコしてよ」

そう言われて私も興奮してしまいました。童貞を捨てようとしている息子に、なんだかやきもちを焼いたのもあります。この子を気持ちよくしてあげられるのは母親である私だけ、そう思うと、勝手に手が上下に動いてしまいました。

やがて息子は私の手で果てました。びっくりするほど勢いよく飛び散った精液が、私の顔や手を汚したのを覚えています。

それがきっかけで、何度か息子の性欲処理をしてあげたのです。

ただし、それは高校時代だけで、大学以降はいっさいありません。それなりの恋愛経験を重ねてセックスも人並に経験していると思っていました。

ところが、もうすぐ結婚といういまになって、家でオナニーしてるなんてどういうことなのでしょう。しかも一度だけではなく、息子はときどき実家に帰ってくるたびに浴室でオナニーしているのです。

こんなことを父親に相談するわけにもいかず、困ってしまった私は、あるとき浴室でいつものようにペニスをしごいている気配がするとき、そっとドアを開いて中に入ったのです。

もちろん息子はびっくりしましたが、優しく尋ねると、やはり婚約者とのセックスがうまくいかなくて、マリッジブルーみたいな状態になっていたのです。

「彼女、ふだんは優しいんだけど、セックスになるとすごくアグレッシブというか、けっこう女王様っぽいんだよね。あれしろこれしろって言うくせに、これは嫌いとかって、こっちの要求は無視するし。なんか、ついていけなくて」

真実さんのわがままな行為にすっかりたじたじになってるみたいで、息子は全然気持ちよくないのだと言います。真実さんも、もちろん満足していないと思います。このままではセックスの不一致が理由で婚約解消ということにもなりかねません。もちろん、息子は別れる気などないのです。

そんなことを浴室で話していたのですが、その間もまーくんの若々しいペニスはずっと上を向いたままでした。こんな立派なモノを持ってるのにそれを生かせないなんて、ほんとうにもったいないし、かわいそうです。どうにかしてあげなきゃと思っているうちに、気がつくと私は息子の勃起ペニスを握り締めていたのです。

「まーくん、こんなに大きくていいもの持ってるのにね」

「母さん、あのときみたいにシコシコしてよ」

「え、でも、婚約者がいるのに、そんなぁ」

「お願い、ぼく我慢できないんだよ」

そう言われると、とまどいながらも、息子をいとしく思う気持ちがわいてきて、思わず手を動かしてしまいました。

先端からはもうねばり気のある液体がトロトロと垂れています。夫とはすっかりセックスレスになっていた私は、そのイキイキした勃起ペニスにすっかり興奮してしまい、しごきながら、口に含んでしまいました。

久しぶりに味わう我慢汁まみれの勃起ペニス、しかも愛する息子のモノです。気がついたら、先端からカリ回り、裏筋からタマタママまで、唾液まみれにして味わっていました。静かな浴室にチュバチュバという卑猥な音だけが響いていました。高校時代よりも、それは太く逞しくなっている気がしました。

「すごく気持ちいいよ、母さんのおしゃぶり」

「真実さんは、お口でしてくれないの？」

「あんまり好きじゃないみたいで、頼んでもなかなかしてくれない」

「そうなの。まーくん、こんなに好きなのにね」

私は夢中でしゃぶりました。まーくんがおしゃぶり好きになったのは、きっと私のせいです。高校時代のことを思い出して、あのときと同じように気持ちよくしてあげたいと思いました。舌先で尿道を刺激しながらペニスをこすり上げたり、カリの周りの敏感なところを指先で刺激したり、タマタマをもんだり、いろんなやり方でまーくんの勃起ペニスを愛してあげました。

「ほら、気持ちいい？　母さんの口、好きでしょう？　高校生のとき、まーくんのこれ、母さんいっぱい舐めてあげたよね」

「うん、覚えてる。すごく気持ちよかった。やっぱり母さんのフェラが最高だよ」

まーくんの上擦った声を聞くと、体がうずいてたまりません。

「まーくんのいきり立ったペニス、隅々まで舐めてあげるからね。まだお父さん帰ってきてないから、いっぱい声出していいんだよ」

「ああ、気持ちいいよ、母さんの口ま○こ、もっとベロベロして」

「やだ、口ま○こだなんて、いやらしい。好きなの？　母さんの口ま○こ。まーくんの勃起ペニスが母さんのお口でおま○こしてるわよ」

それを口に含んだまま、私は頭を前後に振って、ほんとうにお口でセックスしているような動きをしました。まるで自分がダッチワイフになったような気がしましたが、もちろん全然いやではありません。

まーくんが私のお口を性器だと思って感じてると思うと、私のアソコもびしょ濡れになってきました。

「ほら、こんなふうにされたかったんでしょう？　お口でジュボジュボされたかったのよね。真実さんの代わりに母さんがいっぱいしてあげるね」

「うん、すごいよ。彼女、こんなこと絶対にしてくれない」

「そう、かわいそうにね。ほら、もっと感じていいのよ。タマタマもしゃぶってあげる。我慢汁も全部すすってあげるからね」

まーくんは、頭をのけぞらせながら感じています。私はすごくうれしくて、唇や舌を思いきり動かしてペニスを味わいました。

「ねえ、母さん、今度は母さんのを舐めたい」

ドキッとしました。高校時代、私がまーくんのをお口でご奉仕していましたが、私が舐めてもらったことはありません。いつか舐めてほしいと思ってはいたのですが……。

「舐めてくれるの？　うれしい。お願い」

私は浴槽のふちに腰かけて、足を広げました。まーくんの目の前に自分の性器を広げてるなんて、なんだか信じられませんでした。ちょっと恥ずかしかったけど、まーくんがそこに顔を埋めて舌を這わせはじめると、トロッとした液が奥のほうから溢れてくるのがわかりました。

「すごく濡れてるでしょう？　母さんのそこ、まーくんに舐められてすごく感じてるの。ねえ、指で広げて、クリちゃんを直接舐めて」

「すごいね、母さんのクリトリス、すごくふくらんで、割れ目からはみ出てる」

「やだ、言わないで。恥ずかしいじゃない」

「いつもこんなに勃起するの？　真実のはいつも皮をかぶってるから、全然気持ちよくないみたいで、舐めさせてくれないんだよね」

「そうなの!?　まだ開発されてないのかもしれないね」

そう言いながらも、まーくんの舌先がクリトリスを刺激してくる快感に全身がビリビリしていました。

「母さんのクリトリス、大きいでしょう？　感じてくると、すぐに勃起してはみ出しちゃうの。そこをいじられたり舐められたりするだけで、いやらしい声がたくさん出ちゃうの。クリだけでもイッちゃうの」

母親なのに、そんな恥ずかしい告白をしてしまいました。

「すごいね！　いやらしいよ、母さんのクリトリス。ねえ、たくさん舐めるからイッてよ。母さんがイクところ見たい」

「ああ、だめよ、そんな恥ずかしいこと言わないで」

そう言いながらも、あまりにも気持ちよくて太ももがプルプル震えてきました。

「まーくん、すごくじょうず。いつの間にこんなこと覚えたの？　そう、唇でクリトリスをはさみ込むようにして、そのままブルブルふるわせて。ああ、そう、じょうずよ、母さん、それが好きなの。もっとブルブルして」

「すごいね、どんどん濡れてくる。垂れてるよ」

「舐めて。母さんのオツユ味わってよ、まーくんに味見してほしい」

まーくんの舌が割れ目を舐め回し、中のほうにまでもぐり込んできて、愛液を味わっています。

自分の息子に愛液を味見させて興奮するなんて、私はなんて淫らで変態な母親だろうと思います。でも、まーくんの顔が私の恥ずかしいオツユでベトベトになってるのを見ると、もっともっと濡れてきてしまうのです。

「まーくん、じょうずだね。母さん、舐められただけでイキそう」

「真実はクンニ大好きだから、いつも舐めさせられてる。いつもクンニだけでイッちゃうよ。でも、それで終わり。真実がイケばセックスはおしまいなんだよね」

「そうなの？　だからいつも、ここでオナニーしてるの？」

「そう。本当は入れたいんだけど…」

それはそうだと思います。クンニだけで終わりなんて、かわいそすぎます。真実さんはいままでそんなセックスばかりしてきたのでしょうか。なんだか不思議です。

「お嬢様育ちだし、男にチヤホヤされてきたからね、あの子」

「そうなの？　じゃあ、これからはまーくんが挿入の快感を教えてあげなきゃね」

「そうなんだけど、なかなかそこまでいかなくて」

「だって、入れたいでしょ？」

「入れたいよ、おま〇こしたい、ハメハメしたいよ」

「そうよね、このぶっといペニスで、おま〇こ突きまくりたいよね」

そんな露骨な話をしているうちに、なんだか私、欲しくなってしまいました。

お互いに性器をいじり合っているうちに、とうとう我慢できなくなりました。

「ねえ、母さんに入れてみる？」

まーくんのペニスがピクンと反応しました。

「いいの？　ハメたい、母さんの中に入れたいよ」

寝室に行こうかと思いましたが、でももういますぐに欲しくてたまりません。

私は浴槽のふちに両手をついてお尻を突き出しました。親子だからなんていうためらいは、全然ありませんでした。まーくんの前でそんな格好したのは初めてです。アソコもお尻の穴もまる見えのはずです。恥ずかしかったけど、まーくんのためだと思いました。

「ほら、これだと入れやすいでしょ？　母さんのアソコに入れてくれる？　まーくんのぶっとい勃起ペニス、後ろから差し込んでほしい」

「うん、母さん、入れるね」

まーくんは背後に立つと、熱いペニスをアソコに押しつけてきました。

入り口を探すように先端でこすってきます。ときどき、剝き出しのクリトリスに当たったり、ビラビラが刺激されたりすると、私、思わず声が出て力が抜けそうになりました。これから私、息子のペニスを受け入れるんだ、そう思うと、頭の中がジンジンしてきます。早くひとつになりたくてたまりません。

そのうちまーくんは、入り口に狙いを定めました。

ああ、来るんだ。そう思った瞬間、ヌプッという感触がしてアソコが押し広げられる感じがして、一気にペニスが入ってきました。熱いのが奥まで届いて、私、大きな声をあげてしまいました。

「まーくん、入ったね。まーくんと母さん、セックスしちゃったね」

「すごくいいよ、母さんのおま○こ、ぬるぬるしてて気持ちいい」

「うれしい。ねえ、動いていいよ。好きなように母さんを突いて」

まーくんは動きはじめました。でも慣れてないのか、ぎこちない動きでした。どっちの方向に向かって突けばいいのかよくわからない感じです。

私は、「そのまま素直にまっすぐ突いて」とか、「少し上向きに突き上げて」とか、

「奥までゆっくり突いたり、入り口のところを小さく行ったり来たりして」とか、そんなことを細かく教えてあげました。

セックスのときのペニスの動かし方を実地で教える母親なんて、考えてみたら、かなり背徳的というか許されないことです。

でもそのときは、息子とひとつになれたうれしさと、真実さんとのセックスで満たされない気持ちを満たしてあげたいのと、あと、これからじょうずにセックスできるように教えてあげたいという感情が交じって、なんだかもう無我夢中だったのです。

見たりふれたりしたときよりも、中に入ったときのほうが、まーくんのペニスは太く逞しく思えました。

「ああ、すごく気持ちいい。まーくんのペニス、最高だよ。そのまま好きなように動いて、母さんのおま○こを思いきり感じさせて」

浴槽のふちをつかんで、私はお尻を振り立てました。少しでも奥のほうに誘い込み、まーくんにも感じてほしかったのです。

最初は、まだぎこちなかったまーくんの動きは、そうやってバックから突かれているうちにだんだんスムーズになり、自信に満ちた感じになってきました。

「母さん、気持ちいい？　ぼくのセックス、どうなの？」

「すごくいいよ、最高に気持ちいい。まーくんのペニスすごくいい」

私も久しぶりのセックスの快感に全身をのけぞらせて身を委ねました。もう何年も男性のものを入れていなかったアソコが、うれしくて悲鳴をあげていました。

「もっと力強く突いてもいいよ、そのほうが感じるかも」

「こう？　こんなに強く突いて痛くない？」

「平気、気持ちいいの。母さん、思いきり来られるのが好きなの」

両手でしっかり私のお尻をつかんで、まーくんは激しく出し入れしました。

すごく気持ちよくて、浴室に私の喘ぎ声が響いていました。

「ねえ、母さん、今度は前から入れたい」

まーくんに言われても、狭い浴室にはあおむけになるほどのスペースはありません。

どうしたらいいかなと考えて、まーくんを浴槽のふちに座らせ、私が跨《またが》りました。対面座位というのでしょうか。

「こうすると、まーくんのペニスが上を向くでしょう。だから、母さんが向かい合って挿入すれば、すごく深くまで入って感じやすくなるの」

ペニスをつかんで、ゆっくり腰を沈めました。

「さっきとは違うところに当たってる。ああ、そこも気持ちいい！」

「すごいね、当たるところによって変わるんだ」

「そうよ、女の人のおま○こは、いろんな突かれ方されて敏感になっていくんだよ。だから、真実さんにも教えてあげてね」

そう言いながらも腰を上下に動かしていると、どんどん昂《たかぶ》ってきて、いやらしい気分になってきました。さっきよりも愛液が溢れてます。

「ほら、見て、まーくん。母さんのおま○こに、まーくんのペニスが入ってるのがよく見えるでしょ？　ずっぽり入ってるでしょ」

まーくんはそこをのぞき込み、興奮しています。

私は淫らで変態な母親です。エロいことをしたり言ったりするだけで、自分がわからなくなるくらい興奮してしまうのです。

腰を大きく上下にグラインドさせながら、まーくんを抱き締め、キスしました。

いとしくてたまりません。いくら仲のいい親子でも、ここまでする人はめったにいないでしょう。私は最愛の息子とセックスしてる。向き合って挿入されながら、抱き締めてキスしてる。もうそれだけで、幸せいっぱいでした。

そんなふうにしていると、ふと、もうこの子を返したくない、ほかの女にとられるなんてイヤだ、真実さんになんか渡さない、そんな気分になってきました。

まーくんのことをセックスで満足させることのできない女なんて許せない。まーくんのセックスのことは、自分がいちばんよく知ってるのだ。そんな気持ちになってきて、ますますまーくんがいとしくなりました。

「まーくん、母さんの体でいっぱい感じて。お願い、あの人よりいいって言って」

「母さんのほうがいいよ。真実よりも母さんのおま〇このほうが、ずっと気持ちいいよ。大好きだよ、母さん」

私はたくさんキスしながら抱き締めました。

ズンズン……と突き上げられながら、もうイキそうになってきました。

「まーくん、母さん、イキそう。いっしょにイこう、ね、お願い」

「いいよ、ぼくも出そう、このまま出していい？」

「だめ！　それは我慢して、親子なんだから。そのかわり飲んであげる」

そうしてお互いに絶頂に向かって動きはじめました。これから私はまーくんといっしょにイクんだと思うと、もう頭の中が真っ白になりました。

「ああ、出るっ！」

まーくんがそう言った瞬間、私は体を離してペニスを口に含みました。根元をしごき上げると、口の中に、熱くて生ぐさいものがドクドクと溢れてきました。すごい量でしたが、私は全部飲み干しました。そして、中に残ってるのも絞り出してお掃除しました。

すごくおいしかった。まーくんの精液の味、最高です。

終わったあと、熱烈なキスをしました。本当の恋人みたいでした。すべては真実さんとのセックスライフがうまくいくため。そう思っていましたが、でも終わってみると、まーくんを真実さんのところに戻すのがとてもつらくなりました。こんなにも満足してるのに、なぜ返さなきゃならないのだろう。

でも、それはわがままです。私は母の顔に戻りました。

結局、まーくんと結ばれたのは、その夜一回きりでした。そのあとは、どうやら真実さんとのセックスもうまくいくようになったみたいで、もうすぐ予定どおり、結婚式を挙げます。

それはもちろんとてもうれしいことです。

でも、私はまーくんに、こう告げたのです。

「またつらくなったら、いつでも帰っておいで。母さんがまた、たっぷり満足させて自信をつけさせてあげるからね」

私の下着を盗み自慰に耽る美大生の甥!?
モデルに志願して滾る硬肉棒を握りしめ

重森優子　主婦・三十八歳

私は結婚十四年目を迎えた専業主婦で、残念ながら子どもはいません。不妊治療には通ったのですが、七歳年上の夫も精子の量が少ないらしく、最終的に夫婦二人で生きていこうと話し合いました。

もちろん、我が子をこの手で抱くことができないのですから、さびしいという気持ちはありました。

きまじめな夫と二人きり、このまま歳をとっていくのかしらと考えていた矢先、夫の兄の息子である甥の倖太《こうた》君が関東圏の美大に合格し、義兄からうちに下宿させてくれないかという話がきたんです。

倖太君とは、彼が受験前に上京した際に顔を合わせており、とても爽やかな好青年という印象を抱いていました。

反対する理由はなく、私たち夫婦は二つ返事で了承し、彼の来訪を心待ちにしました。

三人での生活が始まると、倖太君はとても優しく、朗《ほが》らかな性格であることがすぐにわかりました。

私自身、もう毎日が楽しくて楽しくて、家の中が明るくなったような気がしていたのです。

ところが二カ月が過ぎるころ、私はあることをきっかけに、彼に対し不信感を抱くようになりました。

それは、お気に入りのパンティが紛失したことです。

実は下着がなくなったのはこれが二回目で、一度目はベランダに干していたものが消えていました。

そのときは風に飛ばされたのだろうと思ったのですが、今回は洗濯機の中に入れておいた使用済みの下着ですから、誰かが盗んだとしか考えられません。

もちろん、夫がそんなことをするわけはなく、胸騒ぎを覚えた私は、倖太君が学校に行っている間、彼の部屋を探ってみました。そして、ベッドの下から二枚のパンティを見つけてしまったんです。

クロッチには乾いた粘液みたいなものがべったりと張りつき、異様な臭気を放っていました。

おそらく倖太君は、一度成功したことで、味をしめたのでしょう。

頭の中に、私のパンティで自慰行為をしている彼の姿が浮かびました。

汚れた箇所を鼻に押しつけ、ペニスをしごき、精液をパンティに飛ばしたに違いありません。

ひょっとすると、はいたりしたのかもと考えた瞬間、恥ずかしさと怒りに体が打ち震えました。

同時に、倖太君が私を女として見ているのだという事実に、顔がカッと熱くなりました。

お恥ずかしい話ですが、子宮の奥がズキンと疼《うず》き、あそこが濡れてさえいたのです。

夫が管理職に昇進してから三年、夫婦の営みがまったくなくなったということも影響していたのかもしれません。

胸をドキドキさせながら、私はパンティをベッドの下に戻しました。

このままにしておいてはいけないという気持ちはあるのですが、そのときは動揺して、解決策を考える余裕がなかったんです。

その日から、倖太君の顔をまともに見られなくなりました。

注意をしようとしても、言葉が出てこなくて、逆にもっと女として見てほしいという気持ちが、日ごとに大きくなっていくのですから、私は自身の心の変化にただうろたえるばかりでした。

自ら慰《なぐさ》める回数が増えたのも、このころからです。

若い男の子の逞《たくま》しいペニスを妄想し、昼間からオナニーにふける私は、やはり異常だったと思います。

私は、倖太君がもう一度パンティを盗んだら、何かしらの行動を起こそうと考えていました。

激しく叱責《しっせき》するのか、それとも……。

不安半分、期待半分。それが日常生活にワクワクするような高揚《こうよう》感を吹き込んだのですが、意に反し、いつまで待っても、洗濯機の中からパンティがなくなることはありませんでした。

ひょっとして、私に興味がなくなったのか。

それとも、かわいい彼女ができたのか。

いずれにしても、このままでは何もなかったこととして終わってしまいます。

それならそれでいいではないかと思いながらも、消化不良のようなもどかしさを感じてしまって……。

思いあまった私は、インターネットの通販で淫らなランジェリーを購入し、わざと汚したものを洗濯機の中に入れておきました。

罠をかけるようなマネをするなんて、あのときの私はほんとうにどうかしていたと思います。

それでも、ショーツが紛失していたときは、乙女のように胸をときめかせました。

そして意を決した私は、夫が出張で家を留守にする日を狙い、以前から倖太君に頼まれていた絵のモデルを引き受けたんです。

彼はこぼれるような笑顔を見せ、すぐにデッサンを始めたいと言ってきました。

「じゃ、支度をしてくるから、ちょっと待ってて」

「そのままでいいですよ」

「そういうわけにはいかないわ。ちゃんと、お化粧だってしないと」

倖太君を彼の部屋に待たせ、私は夫婦の寝室へと向かいました。

このときは、心臓が口から飛び出そうなほど緊張していました。

なぜなら私は、服をいっさい身にまとわず、ヌードデッサンを描かせるつもりだったからです。

やや派手めのメークをしたあと、私は衣服と下着を全部脱ぎ捨て、白いバスローブだけを着て、彼の部屋に向かいました。

「お待たせ」

「じゃ、始めましょうか。ベッドに腰かけて……」

私の姿を見た倖太君は、一瞬にして息を呑みました。

バスローブ姿だったので、違和感を覚えたのでしょう。

挙動不審者のように目がキョトキョトし、ひたいには早くも脂汗がにじんでいました。

「あ、あの……その、バスローブは？」

「え……デッサンって、ヌードよね？　違うの？」

とぼけたフリをして、上目づかいにうかがうと、倖太君は盛《さか》んに困惑しているようでした。

「ヌードデッサンの話は前から聞いていたし、てっきりそうじゃないかと思って……。私ったら……いやだわ」

血がつながっていないとはいえ、叔母と甥の関係なのですから、互いに気まずい気持ちがあるのは当然のことです。

「でも……いまさら着替えるのも面倒だし、私はヌードでもかまわないから」

無言のままたたずむ倖太君の目の前で、私は自らバスローブの腰紐をはずしました。

もちろん恥ずかしいという思いはありましたが、このときは期待感と性的昂奮のほうが勝っていました。

「ベッドに座ればいいのかしら？」

「え？　あ、ああ、はい。お願いします」

ようやく我に返ったのか、倖太君はあわててスケッチブックを開き、椅子に腰かけました。

デッサンの間、若い男の子の視線が肌を針のように突き刺し、体の中心部がどんどんほてってくるんです。

彼は極度の緊張に陥《おちい》っているのか、消しゴムで何度も消しては、描きなおしているようでした。

「ねえ、倖太君」

「は、はい？」

「私に、何か言うことはない？」

「あ……あの……」

ころあいを見はかり、私は倖太君に問いかけました。そして、パンティ窃盗の事実を突きつけたんです。

「私のパンティ、何回か盗んだわよね？　気づかれないと思ったの？」

「ご、ごめんなさい！」

彼はすぐさま土下座したものの、ジーンズの中心部が盛り上がっていることを、私は見逃《みのが》しませんでした。

「どうして、あんなことをしたの？」

「は、初めて……その……」

「はっきりと言ってくれないと、聞こえないわ」

「初めて会ったときから、お、叔母さんのことが好きだったんです！」

決死の告白だったのか、顔を真っ赤にする倖太君がかわいくて、私のあそこからは大量の愛液がじわりと溢《あふ》れ出てきました。

「どうか、このことは実家のほうには内緒にしてください！」

もちろん、大事《おおごと》にするわけがありません。

私は軽くにらみつけ、次の言葉を当然のことのように言い放っていました。

「叔母さん、ショックだったわ。まさか倖太君が、私の下着を盗んでいたなんて。最初から正直に言ってくれれば……あげたのに」

「え？」

顔を上げた倖太君は、目をどんよりと濁らせました。

このときの私は足を組んでいたのですが、彼は一転して、舐めるような視線を向けてきたんです。

「叔母さんのパンティで、何をしたの？」

「あ、あの、それは……」

言いづらいのか、倖太君は目元を赤らめ、もじもじと肩を揺すっていました。

「正直に話さないと、叔父さんにすべて報告しなければいけなくなるわよ」

意地悪く脅かすと、彼はいまにも泣きそうな顔で告白しました。

「あ、あ、に、においをかいだり……」

「それから？」

「その……」

「オチ○チンを、しごいたのね？　パンティをはいたりもしたの？」

「ご、ごめんなさい、はきました！」

「……いやらしい」

侮蔑《ぶべつ》の眼差しを送るやいなや、倖太君は恥ずかしそうに目を伏せたのですが、逆にジーンズの中心は大きな盛り上がりを見せているんです。

窮屈そうなこわばりを目にした瞬間、私の昂奮も頂点へと達しました。

「叔母さんの……見たい？」

「み、み、見たいです」

股間のふくらみが、目に見えて、大きなマストを張っていきました。

「いいわ。じゃ、見せてあげる」

自分は、いったい何をやっているのか。

こんなことをしてはいけないと、頭ではわかっているんですが、淫らな気持ちはとどまることを知らずに大きくなっていきました。

倖太君のせつなげな表情、荒い吐息、初々しい仕草を見ているだけで、胸の奥がキュンと疼いちゃうんです。

「あ、あああっ」

ゆっくりと両足を広げていくと、彼は身を乗り出し、女の大切な部分に熱い眼差しを注いできました。

「いやだわ、息がかかっちゃうわよ」

さすがに羞恥心《しゅうち》が込み上げたものの、ここまできて、やめるわけにはいきませんでした。

「あ……あ、すごい」

いま思い出しても、なんとはしたない格好をしていたのでしょう。甥っ子の前で大股を開き、恥ずかしい箇所を、これでもかと見せつけていたのですから……。

秘芯からは大量の愛液が溢れ出し、クリトリスがズキズキとひりついているのがはっきりとわかりました。

「こ、これが、おマ〇コ！　ああぁっ」

倖太君も、異常なほど昂奮していたのだと思います。

盛んに熱い溜め息をこぼし、やがてすがりつくような視線を向けてきました。

「さ、さわっても……いいですか？」

「さわりたいの？」

「は、はい」

「……そっとよ」

本音《ほんね》を言えば、私自身、早くさわってほしくて仕方がなかったんです。

生唾を呑み込み、その瞬間を待ち受けていると、細長い指がすっと伸び、陰唇をツツッとなで上げました。

「ひっ！」

軽くふれられただけなのに、凄まじい快感が走り抜け、危うくアクメに達しそうになりました。

久しぶりの男との接触ということで、体がものすごく敏感になっていたんだと思います。

倖太君は肩をビクリとふるわせ、いったん手を引っ込めたのですが、私の様子を探りながら、再び指を伸ばしてきました。

「あ、すごいや。いやらしい汁が、たくさん出てくる」

「うンっ、やっ、だめっン！」

口を突いて出てくる言葉は、もう溜め息混じりで、私は腰と鼠蹊部をピクピクとひきつらせていました。

あとで聞いた話によると、倖太君は童貞だったようです。

目がらんらんと光り、研究者のような目つきで、指の動きは徐々に大胆になっていきました。

「これが、クリトリスですね。あっ、皮が剝けて、小さな肉粒が出てきました」

「やっ……いちいち言わなくていいの」

とがめながらも、ヒップがくねくねとうねり、もっと激しい刺激が欲しいという気持ちがどんどんふくらみました。

「ひっ、ンっ！」

二本の指が、陰唇とクリトリスを荒々しくこね回すと、私は声を裏返し、全身の毛穴から汗を噴き出させました。

倖太君は、アダルトビデオで女の体を研究していたようです。

指を膣穴に差し込み、猛烈な勢いでスライドさせました。

「いや、だめっ！　は、はあぁぁぁンっ!!」

ジュプッジュプッと、いやらしい音が響くと同時に、全身が浮遊感に包まれました。

そして、あっけなくエクスタシーに達してしまったんです。

「あ、ああっ、し、潮が!?」

どうやら、潮を吹いていたらしいのですが、そんな感覚は微塵《みじん》もなく、私はベッドにあおむけになりながら、ただ快楽の波間をただよっていました。

「叔母さん、大丈夫ですか？」

どうやら軽く失神していたようで、倖太君の呼びかけに、私は目をうっすらと開けました。

もっと大きな快楽を得たい、気持ちいい思いがしたい。

凄まじいばかりの劣情が込み上げ、私は彼をベッドに押し倒しながら、夢中で唇をむさぼっていました。

「ふ……ンぅ、ン、ぅぅぅっ」

鼻から甘ったるい息を吐き、勃起した股間に内腿をこすりつけていた私は、どこから見ても、発情した一匹の牝犬だったと思います。

私は舌舐めずりをしながら、ジーンズとパンツを脱ぎおろしにかかりました。

「あぁ、叔母さん。は、恥ずかしいです！」

彼の言葉は耳に入らず、頭の中は逞しいペニス一色に染まっていました。

ペニスがバネ仕掛けのおもちゃのように弾け、汗の蒸れたにおいが鼻先にふんわりとただよいました。

なつかしい香りは、媚薬のように脳に浸透し、気がついたときには、ギンギンのペニスを口に含み、無我夢中で舐めしゃぶっていました。

「あ、あ、そ、そんな!?」

倖太君の黄色い声は届いていたのですが、私は自分の情欲を満足させたい一心でした。

唇でしっかりと挟み込み、唾液をたっぷりとまとわせ、ペニスをいつくしむようにしごいていると、彼の腰がピクピクと震えだしました。

「お、叔母さんっ！　出ちゃう、出ちゃいます!!」

射精しても、かまわない。全部、飲んであげようと思った私は、凄まじい勢いで顔を打ち振りました。

そのときの倖太君は、まるで女の子のように足をくねらせ、細い腰を何度もバウンドさせていました。

「はむっ、はンっ、んふぅぅぅっ」

射精の瞬間はすぐさまやってきて、顔の打ち振りを繰り返しながら、亀頭の先端を舌先でなぞり上げると、ペニスがブワッとふくらみました。

「イクっ！　イクぅぅぅぅぅっ‼」

灼熱の精液がほとばしり、青くさいにおいが口の中に広がった瞬間、驚いたことに、私はまたもやアクメに達してしまったんです。

頭を朦朧《もうろう》とさせながら、精液を一滴残らず飲み干すと、倖太君の体から力がゆっくりと抜け落ちていきました。

「ン、ふぅ」

私は精液をていねいに舐め取ったあと、ようやく口からペニスを抜き取りました。

若い男の子の精力って、やっぱりすごいんですね。

放出したばかりだというのに、ペニスは少しも萎《な》えず、まだガチガチに硬い状態なんです。

栗の実のような亀頭と胴体に浮き立つ青筋が欲情をあおります。

ツルツルのかわいい陰嚢が上下にひくついた瞬間、私の頭の中から理性はすべて吹き飛んでいました。

「あ、お、叔母さん……」

うつろな瞳を向けた倖太君を尻目に、私は彼の腰を跨っていました。そして、ペニスを垂直に立たせ、ヒップを落としていったんです。

「あ、ンぅぅぅっっ」

火傷《やけど》しそうにほてった中心部を、亀頭の先端が押し開き、ずぶずぶと埋没《まいぼつ》していきました。

そのときの気持ちよさといったら、とても言葉では言い表せません。

私はヒップをうねりくねらせ、ペニスをもみ込むように、膣の奥に導いていきました。

体内を満たすペニスの、なんとすばらしい感触か。

硬いオチ〇チンが、これほどの快楽を与えることを、私はこのときになって、初めて知りました。

「お、叔母さん……ぼ、ぼく、僕……」

「いいの。叔母さんだって、倖太君としたかったんだから」

私はそう言いながら、腰をしゃくり、クリトリスを倖太君の下腹にこすりつけました。

「ああ、いいわ、いいっ！」

「ぼ、ぼくも、気持ちいいです」

「もっと、もっと気持ちよくしてあげる」

膝を立て、大股を開き、和式トイレのスタイルで、腰をガンガンと打ち振ると、倖太君は顔をくしゃっとゆがめました。

こんなハレンチな体位は、夫相手にもしたことはありません。

ズチュズチュと、結合部から鳴り響く音がまたいやらしくて、私は自ら手で両乳房を引き絞っていました。

「倖太君のオチ〇チン、硬くて大きいわぁ！　突いて！　下から突いてっ!!」

倖太君は歯を嚙み締めていましたが、必死の形相《ぎょうそう》で、ペニスを突き上げてきました。

「ひっ！　ひぃぃぃぃっ!!」

恥骨がヒップを叩く、バチーンバチーンという音が高らかに反響しました。

ペニスが疼く膣肉をこすり上げ、先端が子宮口を猛烈な勢いで打ちつけてくるのですから、私の性感は頂点に向かって、うなぎのぼりに上昇していきました。

「はひっ！　イッちゃう、イッちゃうわ!!」

「お、叔母さん、ぼくも、ぼくもまたイッちゃいそうです!!」

「いいわ、出して！　叔母さんの中に、たくさん出してぇぇぇっ!!」

ヒップをグリングリンと回転させた直後、倖太君はあごを天井に向け、首筋にも青白い血管を浮き立たせました。そして熱いしぶきを子宮口にほとばしらせ、私も続けざまに絶頂の扉を開け放ったんです。

「イクっ……イクぅぅぅぅぅぅっ!!」

倖太君は二度目にもかかわらず、大量の精液を放出しているようで、私は膣内で脈動するペニスの感触を堪能《たんのう》しながら、彼の胸にすがるように抱きついていました。

二人の体は、汗でびしょ濡れ。いつまでたっても、荒い息が止まりませんでした。

「たくさん、出したのね」

「ご、ごめんなさい。中に出しちゃって」

「大丈夫よ、妊娠することなんてないから」

腰を上げ、膣からペニスが抜け落ちると、私は再び倖太君の股間に顔を埋《うず》めました。

「あ、そ、そんな……」

「オチ〇チン、きれいにしてあげる」

やや萎えはじめたペニスを、私は口に含み、舌と唇で精液の残りをこそげ落としました。

しかも根元から指で絞り上げ、尿管に浮き出た精液まで舐め取ってあげたんです。

「あ、あああっ」

倖太君はよほど感動したのか、さもうれしそうな悲鳴をあげるなか、なんとペニスがまたもや大きくなっていきました。

この年ごろの男の子は、いったいどれだけの精力とスタミナを持ち合わせているのでしょうか。

さすがにびっくりするばかりだったのですが、熟女の性欲の強さも、けっして負けてはいません。

秘裂からジワーッと愛液が溢れ、結局、そのあとは正常位でもう一度セックスしてしまい、私は何度もアクメへと達しました。


もちろん、後悔がないわけではありません。

夫の兄の、大切な息子さんをお預かりしているのに、叔母が筆おろしをしてしまったのですから。

それでも、一度火のついた女の情欲を鎮《しず》めることはできませんでした。

愚《おろ》かな過ちに罪悪感を覚える一方、倖太君との関係はやめられず、夫の目を盗んでは、いまだに快楽をむさぼり合っているんです。

鄙びた農村に伝わる風習に従った豊熟嫁
愛する息子に性戯の悦びを伝授して……

村山美智子　主婦・五十一歳

初めて息子とセックスしたのは、ちょうど十年前のことです。私が四十一歳のときでした。

二歳年上の主人と結婚したとき、私は二十三歳でした。

主人と私は、地元の新潟にある農業大学の先輩後輩なんです。といっても、主人は福島との県境に近い山間の農村。私は都市部の生まれでした。

実家も主人は代々続く農家で、うちはサラリーマン家庭です。主人は長男で跡取りなので、家業を継ぐために最新の農業技術を学べる農業大学に進学。私はなんとなく農業に興味があって、農大に行ってみようかなという程度の進学理由でした。

軽音楽サークルで知り合いました。練習や飲み会で主人と話をするうちに、生まれたときから農家を継ぐことが決まっていた生い立ちに興味を持ち、もちろん人柄にもひかれてですが、つきあうようになりました。

主人が卒業してからの二年間は、遠距離恋愛です。春や夏の長い休みのときは主人の実家に泊まり込んで、農作業の手伝いもしました。そして私は、大学を卒業して半年もしない二十三歳のとき、農家に嫁《とつ》いだんです。

それまでずっと避妊していたんですが、結婚したのでそれをやめると、すぐに妊娠しました。二十四歳になってすぐに息子を出産しました。

生後百日、息子の「お食《く》い初《ぞ》め」の日。主人に言われました。

「まだ先のことだけんど、覚えといてほしいんよ。こん子が十八になったら、そん誕生日に、あんたが一人前の男にしてやらなきゃいけんのよ。よそから入ってきた新しい家は知らんかもしれんけど、昔からこの村で野良《のら》をやってきた家には、ずっとそのしきたりが続いとるすけ、やってもらわんとどうしょもないけね」

最初は何を言ってるのかわかりませんでした。

一人前の男にするって、やっぱりそういうことですよね。つまり、セックスを教えるっていうことですよね。いくらなんでも、そんな、まさか……嫁入りしてから知った、その地に古くから伝わる風習には戸惑うものもいろいろあったんですが、それはあくまで儀式的なもので、息子とセックスするなんて。

そう思ったんですが、日々の生活も子育ても待ってはくれません。

息子は何事もなく、すくすくと成長してくれました。

ただ、その間も夫の言葉を忘れたことはありません。ひと山越えないと学校がないので、小中学校のときからバス通学でした。そして高校に入学し、三年生になって、どんどん十八歳の誕生日が近づいてくると、何をしていても、私の脳裏にはしきたりのことがこびりついて、消えることがありませんでした。

もちろん息子のことは、目に入れても痛くないほどかわいいんです。だからこそ、あんないやらしいことをするなんて、想像するだけで頭がクラクラしました。

息子はとうに私よりずっと大きくなっていて、高校生になったころからは、洗濯ものからもムッとするような思春期の男子特有の性臭のようなにおいがしてきます。それをかぐと、私の頭の中はそのことでいっぱいになって、どうしていいかわかりませんでした。信じられない。だって、じゃあ……。

村には代々続く古い農家が何軒かあって、その中には私より少し年上で、実の姉のようによくしてくれる奥さんがいるんです。彼女の息子さんはうちの子より一歳年上なんですが、彼女も去年、息子さんを一人前の男にしてあげたんでしょうか。態度も様子も変わらないんですが、そうなんでしょうか。

そして、とうとう息子の誕生日がやってきました。

その前日、主人に言われました。

「覚えてりょーね。段取りは全部してあるけ」

「……は、はい」

息子と私はそのことについて何も話していませんが、やはり主人から言い聞かされていたのでしょう。もしかすると、折りにつけ、男同士の会話として聞かされていたのかもしれません。当日は寄り道もせずに高校から帰ってきました。

そしてころあいのいい時間になると、タクシーが迎えにきてくれました。

「じゃ、じゃあ、行こうかいね」

「う、うん」

運転手さんは行き先も聞かずに走り出しました。私たちは後部座席で息子の大学進学のことなど、普通の母子の会話をしていました。一時間以上走って、着いたのは飛鳥《あすか》時代から続くと言われている由緒正しき温泉地でした。豪華な旅館の前で私たちをおろし、料金を受け取らずにタクシーは走り去りました。

旅館に入り、部屋に案内されると、びっくりするほど立派な部屋でした。

源泉かけ流しの名湯で身を清め、日本庭園に臨む座敷で晩ご飯をいただきました。贅《ぜい》を尽くした料理で、息子が無事に十八歳になったことを祝い、部屋に戻るとすでに布団が敷いてあり、屏風《びょうぶ》の前に旅館の浴衣《ゆかた》とは違う白装束《しろしょうぞく》がおかれていました。

それを身に着けると、何かもう、後戻りできないような気になりました。

「ほいじゃ、いっしょに布団に入っかね」

「う、うん」

布団に並んで横になると、息子は震えていました。名前は俊明《としあき》です。

「俊明は、女ん子とつきあったことはあるんかい？」

「うんや、ないよ」

「心配しなんでもいいん。最初は、みんなそうなんよ」

そう言ってしばらく抱き締めていると、震えの止まった息子が言いました。

「母ちゃん……今日は、な、何してもいいんね？」

「いいんよ、遠慮しねえでいいすけ、なんでも言ってみな」

すると次の瞬間、白装束の上から私のお尻の肉がギュッと握られました。

「ちょっ、そげなに……俊明」

「す、すげえ、こんなにやっこいなんて」

俊明の手が、ムギュッ、ムギュッとお尻の肉をもみしだくんです。

「あぁ、夢みてえだ。だって俺、ずっと女ん人の尻、こうしたかったんよ」

そんなことを口走りながら、俊明が五本の指を食い込ませてくるんです。お尻の割れ目がパクパクするほど、もみくちゃにされました。

「でも、想像しとったより、ずっとやっこくて、気持ちいいねや」

息子がそんなことを考えていたのかと思うと、急に心臓がバクバクと高鳴り、体温が上がったような気がしました。お尻をもみくちゃにしているのが息子の指だと思うと、ヒップに神経が集中して、味わったこともないような刺激を覚えていました。

ウソっしょ、私、興奮しちょるの？

飽きることなくお尻をもみつづける息子のぎこちない愛撫で、ゾクゾクする感じが何度も背筋を這い上がりました。それは明らかに性的な快感だったと思います。

「母ちゃん、もっと違あとこも、さわりてえよ」

「えっ……？」

息子が左腕で私の腰を抱いて、右手で白装束のすそをかき分け、両脚の間にズッと差し込んできました。私は反射的にギュッと太ももを閉めつけて、俊明の手首をつかんだんです。覚悟を決めたつもりでも、どこかに抵抗があったのかもしれません。

でも息子の右手は、すでに私の太ももの中ほどまで達していたんです。逆に俊明はさっきまで震えていたことなど忘れて、開き直ったように私の太ももに挟まれた右手を大胆に動かして、股間に向かって這い上がってきました。

「そ、そげに乱暴にしちょっちゃ、いかんて」

両手を使って息子の右手に抵抗しても、十八歳の男性の腕力にはかないませんでした。太もものつけ根ギリギリで、俊明の指が伸びたり曲がったりしていました。

「ど、どげにさわればええんよ、母ちゃん？」

切羽詰まった息子の声を聞いて、私は両手を離し、太ももの力をスッと抜きました。

「あ、あんッ」

つっかえ棒をなくしたバネ仕掛けのように俊明の右手がはね上がり、私の股間にグニュッと当たりました。すると息子は大あわてで手のひらをひっくり返し、ショーツの上から私の土手を包むようにして、クロッチ部分に指を押しつけてきました。

「ああっ、なんだが、こっちもやっこくて……」

そのまま むさぼるように手のひらと五本の指を使って、股間をいじってきたんです。

「……それに、すげえ熱くて」

その激しくてぎこちない動きが、ショーツの布地を通すことで、さらに不思議でいやらしい感触になって、私の敏感になった恥部に伝わってきました。

「なぁ、俊明、そげなにされたら、母ちゃん、もう……」

両手で白装束のすそをギュッと握って、感じちゃいけないと思えば思うほど、自分の意思に逆らって、強烈な快感が全身に広がっていくようでした。

あぁっ、私、息子にさわられよって……感じとる。

ショーツのクロッチ越しにヴァギナをやみくもにいじる俊明の指が、ときおり出会い頭のようにクリトリスを弾いて、私はビクビクッと反応してしまいました。

「ね、俊明、そげにあせらんでも……」

延々と続く息子のぎこちなく無遠慮な愛撫で、私の下半身にはしびれるような感覚がわき上がり、全身に性欲がまとわりついてきました。

「母ちゃんのパンツ、グチャグチャになっちょーよ」

俊明の子どもっぽい言葉に、私は顔が真っ赤になるのを感じました。さっきから自分でも、ねばりつくような感触がショーツのクロッチから逆流して、ヴァギナ全体に伝わってくるのを感じていただけに、なおさらのことでした。

どうしようもない羞恥と興奮に包まれながら、私は言い聞かせました。

「女はみんな、こうなるんよ。どんなに美人でも、どんなに上品でも、男ん人に抱かれるときは、誰でもこうなるん。男ん人を受け入れる準備なんよ」

するとと俊明がスッと手を離して、あたりまえのように言いました。

「パンツ脱いでえや、母ちゃん」

「う、うん……」

とうとう息子の指が、私のヴァギナを直接さわってきました。

「すげえっ、こげなさわり心地んな、知らんし」

興奮した俊明が言いました。お世辞にも慣れた手つきとは言えない中指で、私のヴァギナをいじりながら、目を見開いていたんです。

「母ちゃん、見せてくれんね」

息を弾ませながら、俊明が訴えてきました。

「……うん、そうねや。見たいんね。あたりまえだやね」

自分に言い聞かせながら、面と向かって見せるのは恥ずかしいので、ゆっくりと体勢を変えて、横向きで寝ていた俊明の顔にヒップを向けて、犬がオシッコをするような格好で頭を跨《また》ぎ、お尻を突き出しました。考えてみれば、それは逆に信じられないほど恥ずかしい格好でした。

「あぁ、こ、こげな……しょーし(恥ずかし)かろも」

俊明が私の股間に顔を近づけて、見つめながらいじりはじめました。

「ち、近すぎるて……なじょしよー」

私は処女に戻ったように恥ずかしがりながら、主人とのセックスでは感じたこともないような淫らな高揚感が、全身にまとわりついてくるのを自覚していました。

「はあうっ、ふぅ、あぁぅっ」

やがて俊明の指を求めるように、ふしだらな吐息を発していました。

「くぅ、なんちゃ知らんけど、めっちゃ興奮しやる」

そんなことをつぶやきながら、息子の指がクリトリスを探り当てたようでした。

「俊明、いきなりそげに……そこ、ああッ!」

「こんげにヌルヌルなんは、母ちゃんがスケベだからね?」

「違うて。女はみんなこうなるち、言うたでしょうが」

「な、母ちゃん、俺のもさわって……くれんね」

さっきから私の目の前にある息子のトランクスが、驚くほど大きくテントを張っているのは気がついていました。チラチラと目をやり、さわりたいと思いながらさわれずにいたんです。息子に求められて、やっと手を伸ばすことができました。

トランクスのウエストゴムをめくると、ビンとペニスが飛び出しました。

「ヒッ……す、すごいんねや、俊明」

セックスを知らないはずの息子のペニスに、私は息を呑んでしまいました。

もうめったに夫婦の営みはなかったんですが、主人のペニスより大きいような気がしました。なにより勃起の角度、そり具合いが若さと元気に満ちていたんです。

「母ちゃん、あんまじょうずにさわれんけど……」

そう言いながら私は、息子のペニスを両手で包みました。その硬さにまた驚いてしまいました。なでつけただけで、ビンビンと生き物のように動きました。

「くうぅ、母ちゃん、いっぱいさわってねや」

思わずギュッと握って、グイグイしごくと、息子がうめき声をあげました。

「うぐっ、んぐぅっ」

そして、ペニスがもっと大きくなったんです。

「俊明……く、口でしてあげようかいね？」

口でしたいのは、私のほうでした。驚くほど立派な息子のペニスを、私は咥えてみたくて仕方がなかったんです。

「う、ぅん」

フェラチオなんて何年ぶりか忘れてしまうほど久しぶりでした。私はゆっくりと亀頭を咥えて舐め回しながら、口の中にたまった唾液を垂らして、ペニスが根元までヌルヌルになってから、唇でしごくように出し入れをはじめたんです。

「な、何ねや、こんげに気持ちいいって」

私は犬がオシッコをするような格好から、息子におおい被さるような四つん這いになって、完全にシックスナインの体勢になりました。

「母ちゃん、こんなん、なじょしていいが！」

そして俊明が、思い出したようにヴァギナをさわってきました。

「ああっ、う、うっ、俊明！」

さらに両手で割れ目を押し広げて、むさぼるように口を押しつけてきたんです。犬がミルクを飲むときのような、ビチャビチャという音が聞こえてきました。

「イヤイヤ、そんなん、なまらしょーしってば」

その不器用な舐め方が、あきれるほど刺激的だったんです。息子の顔面に跨り、求めるように腰をうごめかせてしまう自分を、どうすることもできませんでした。

ジュル、ジュルッと息子の若く大きなペニスを上から深々と咥えて、激しく頭を振りました。主人にもそんなことはしたことがありません。でも私は、高校生のころからオナニーのときは、自分の指をペニスに見立て、フェラチオしながら濡れたヴァギナをいじっていました。いやらしくペニスをしゃぶりたいと、いつも頭で思い描いていました。

まさか自分の息子に、ずっと秘めてきた淫らな願望をさらけ出すことになるとは、思ってもいませんでした。もちろん俊明はすぐに射精を訴えてきました。

「むぐっ、母ちゃん、俺、も、もうっ!」

「いいんよ、こんまま出しんね」

口の中で勢いよく弾けた精液が、何度ものどに当たりました。

「うぐっ、むうぅっ、うぐぅ」

私はむせ返りそうになるのを必死で我慢して、息子の精液を全部飲み干し、そのままペニスをしゃぶりつづけたんですが、全然小さくなりませんでした。

「ああッ、母ちゃん！」

俊明も、再び私のヴァギナを舐めはじめてくれました。

私はもう入れてほしくて仕方ない気持ちを隠して、こう言いました。

「俊明、じゃっけ、そろそろ入れてみっかいね」

「……けんど、俺、どうすればいいか？」

「いいんよ。今日は、それを教えんのが、母ちゃんの役目だやね」

そう言って私は、四つん這いのまま息子の足のほうに体を移動させていきました。お尻を顔に向けた騎乗位で入れたほうが、挿入部分がよく見えると思ったんです。

「俊明は、ジッとしといていいけね」

そんな体位で入れたことはないんですが、息子のためにそうしたかったんです。

私は自分の股間から手を伸ばし、ペニスを握って亀頭を膣口にあてがいました。

「入るとこ、ちゃんと見とくんよ」

ゆっくりと膝を曲げて、ヒップを落としていくと、ヴァギナはぬかるむほど濡れているというのに、ものすごい圧迫感でした。ペニスを支えていた指を離し、俊明の足首に抱きつくようにしてヒップを上げ下げして、出し入れしました。

「母ちゃん、これが……す、すげえ」

ジュボッ、ジュボッといやらしい音が響いて、私は気が狂いそうでした。

「見える？　ねえ俊明、入ってるとこ見えるん？」

「ああ、うん、見とるよ。まる見えやもん」

私は息子の膝に両手を着いて、上体を起こし、出し入れを繰り返しました。

「あ、ああっ、これで俊明はもう、立派な男だやね」

ペニスを根元まで埋め込んでから、ヒップを浮かし、亀頭を出し入れさせました。

「き、きつくて、気持ちいいねや、俊明のちょ〇ぼこ」

「か、母ちゃん、何言うてんね？」

ヌチャッ、ヌチュッと出し入れを繰り返してから、グチャッと自分を貫きました。息子の視線がそこに注がれていると思うと、さらに激しく腰が動きました。

「母ちゃんのま○じょこは、気持ちいいかいね?」

口にしたこともない女性器の俗称を自分から言っていました。

「うん。ぬくくて、やっこくて、締まって、もおっ!」

俊明の言葉が、心の中までかき回してきました。

「あぁーっ、見で見で、もっと見で!」

両手で俊明の膝を握って、屈伸運動をするように下半身を弾ませて、挿入のテンポをどんどんスピードアップさせていきました。膣口の粘膜がカリの笠に引っかかるのがわかるまでお尻を持ち上げ、打ちつけるように振りおろしたんです。

「あぁうっ、すごい!」

俊明のカチカチで若々しいペニスが、自分のいやらしくぬかるんだヴァギナの中に、グジュッと一気に埋没する光景が、目に見えるようでした。

「いいっ、感じすぎて、なじょしていいか……ほんなに、くる、くるぅ」

私は狂ったように声を発しながら、いつまでもズンズンと腰を打ちつけたんです。

「母ちゃん、俺もう……あっ、あっ、いいぃーっ」

やがて俊明は射精の予兆に襲われたようで、下から激しく突き上げてきました。

「うっ、そんなに……ま○じょこ、壊れっちまいそうねや」

振りおろす私のお尻に、俊明の下腹部が打ち当たって、湿った音が温泉旅館の豪華な部屋に響きました。挿入のねばった音が相槌《あいづち》を打つように重なりました。

「はっ、ぐ、母ちゃん、このまま出すけっ！」

「出して、出していいっけ、ま○じょこに……」

息子のペニスでイキそうな私は、夢中でヒップを上下させました。

「俊明の精液、母ちゃんの中に、いっぱい出しいね！」

そして熱いかたまりが膣の奥に突き当たると同時に、私はまちがいなく昇りつめたんです。

「イグイグ、ああ、イッグゥーッ」

それから私と俊明は、温泉につかって休憩しながら、朝まで交わりつづけました。十八歳の息子のペニスは、何度射精してもすぐに元気をとり戻し、その後五回も私の中に入ってきました。もちろん私も、そんなことは初めてでした。

次の日の朝、私と息子が家に帰ると、主人が「ご苦労様」と言って、入れ違いに野良仕事に出かけていきました。そして、その夜は、息子と交わった様子を根掘り葉掘り聞かれながら、何年ぶりかで主人に抱かれたんです。

一度セックスしてしまったら、若い俊明が我慢できるはずはありません。主人の目を盗んでは、しょっちゅう私の体を求めてきて、私も受け入れてしまいました。そして私と息子の肉体関係は、彼が二年前に結婚するまで続いたんです。

息子の結婚相手は親戚の紹介で、お見合いに近いようなかたちでした。同居しているんですが、やさしくて気の利《き》くとてもいいお嫁さんです。もちろん二人の結婚を機に、きっちりと息子との相姦関係は終わりにしたはずなんですが、お嫁さんが妊娠して、里帰り出産をすることになったんです。

お嫁さんが実家に戻って一週間ぐらいたった、三カ月ほど前のことでした。

夜、私が納屋《なや》で作業をしていると、息子の俊明が入ってきました。無言で抱き寄せられて、唇を奪われました。すでにペニスは怒張していました。

「あんた、もう結婚したんだすけ、ダメだって」

そう言いながら、私は拒絶するほどではなかったような気がします。

乱暴に野良着を脱がされ、立ったまま後ろから入れられてしまいました。

「母ちゃん、久しぶりだがら、グッチャグチャだな」

「そげなこと、あるわけ……ヒイッ、そご！」

「ほれ、奥まで入れどいてやっから、好きに動いでみなよ」

そんなことを言われて私は、自分からおねだりするようにいやらしく腰を動かすのを我慢できなかったんです。乳首もアソコもすごく敏感になっていました。

「俊明、突いてけな。母ちゃんのま◯じょこ、突いてけな！」

とうとう私はそんな声をあげて、求めてしまったんです。

「母ちゃん、俺のちょ◯ぼこ欲しかったら、これがらも、いつでも言ってな」

それからすぐに、お嫁さんは無事に男の子を出産してくれました。

「なあ、母ちゃん、俺、嫁さんに言ったほうがいいのがな、しきたりのこと」

「まだ、いいんじゃねえのが。それより、もう入れでくんないな」

私と主人にとって初孫ですから、それはうれしいんですが、十八年後も風習が残っていれば、お嫁さんがその子を一人前の男にすることになるのでしょう。

なるべくそのことは、考えないようにしています。

女盛りの肉体を持て余す妖艶な美熟義母 香しいグショ濡れマ◯コに誘われていき

富田武史　会社員・三十一歳

母が四年前に亡くなったあと、私は実家で父と二人で暮らしていました。男やもめではありましたが、私も父もそれなりに家事をこなせるため、不自由のない生活を送っていました。

ところが父は半年前に、美香子《みかこ》さんという一人の女性を連れてきて、突然再婚したいと言い出したんです。

五十八歳と四十五歳なら何の問題もありませんし、三十路を過ぎた社会人が反対する理由はありませんでしたが、相手の女性を目にしたときはさすがに困惑しました。

美香子さんはとても派手な化粧をしており、いかにもお水の世界の女という印象が強かったからです。

案の定、父が通っていたスナックのホステスをしていたそうで、離婚歴が二回あるらしく、さすがにすれた雰囲気は隠せませんでした。

それでもとんとん拍子に話が進み、入籍をすませた直後から同居が始まると、とたんに居心地の悪さを感じるようになりました。

母との思い出がたっぷりと詰まった家に、年がいもなく肌を露出させ、化粧のにおいをプンプンさせた女が入ってきたのです。

家事のほうは楽になったとはいえ、これは早く家を出なければと思いつつも、彼女の色っぽさがなぜか気になって、なかなか踏ん切りがつきませんでした。

そんなある日、父が出張で留守にしたときのことです。

美香子さんは友人と会っていたらしく、夜遅くに酔っ払って帰ってきました。

ベロンベロンの状態で玄関口に横たわる彼女を見たとき、やはりしょうがない女だと、小さな溜め息をつくばかりでした。

とはいえ、そのまま放り出しておくわけにもいきません。

「美香子さん、しっかりしてください」

私は美香子さんの肩を担ぎ、夫婦の寝室へと連れていきました。

とにかく、強烈な香水のにおいが鼻についたことははっきりと覚えています。

「大丈夫ですか？　水でも持ってきましょうか？」

顔をのぞき込むと、驚いたことに、彼女はいきなり抱きつき、キスをしてきたんです。

体が燃えるように熱く、ふんわりとした肉感的な感触に、私は心臓をドキドキさせました。

うぶな童貞少年でもあるまいに、なぜか股間の逸物はジンジンと疼くばかり。

「ちょっ……父とまちがえてるんですか？」

あわてて諫《いさ》めた瞬間、今度は手のひらが股間のふくらみに伸びました。

「な、何をするんです!?」

引き離そうとしても、スッポンのようにしがみついてくるのですから話になりません。やがてしなを作り、甘ったるい声でささやきました。

「あなたのお父さんじゃ、満足できないの。お願い、一度だけ、ねっ？」

四十代半ばを迎えても、美香子さんにとっては女盛《ざか》りだったのでしょう。

フェロモンむんむんのオーラにペニスがひりついたものの、仮にも義理の母に手を出すわけにはいきません。

「い、いけませんよ」

「女に恥をかかせないで。お願いっ」

うるんだ瞳、濡れた唇がやけに悩ましく、胸が妖しくざわつきました。

「とにかく、手を離してください……あっ」

体を押し返そうとした刹那《せつな》、股間の中心に甘美な刺激を受けました。

美香子さんがペニスを握り込み、微妙なフェザータッチでもみ込んできたんです。

「ほら、あなただって、こんなになってるじゃない」

「あ、あ、あぁ」

経験豊富な熟女は、男の性感ポイントを知り尽くしているようで、舌舐めずりをしながら勃起をもてあそんできました。

おそらく父も、彼女のテクニックに陥落したに違いありません。

「や、やめてください。ぼくには、つきあってる女性が……」

「たっぷりと気持ちのいい思いをさせてあげる。あなたの彼女なんか、足下に及ばないほどね」

美香子さんの放つ言葉が心臓をえぐり、まるで催眠術にかかったかのように、私はその場から一歩も動くことができませんでした。

あっという間にジャージの紐をほどかれ、下着もろとも引きおろされたときには、ペニスは逞しいうなりをあげて飛び出していました。

「あ……ちょっ!」

「すごいわぁ、やっぱり若いのね。ジャージの上からちょっとさわっただけで、カチカチじゃない」

「は、はあぁぁあっ」

柔らかい指がペニスに絡まり、上下にシュッシュッとしごかれただけで、私は糸を引くような喘ぎ声をあげていました。

しかも彼女は、空いている手で睾丸を優しくなで上げてくるのですから、性感はうなぎのぼりに上昇し、全身の血が瞬時にして煮え滾《たぎ》りました。

「ふふっ、先っぽからヌルヌルが出てきたわ。どうしてほしい? このまま、私の手の中でイッちゃう？　それともおチ○チン、しゃぶってほしい？」

「ああ、あぁぁあっ」

私はベッドの脇にたたずんだまま、うわ言のようによがり声をあげました。

「いいわ、お口でしてあげる」

「ひっ、ぐっ」

美香子さんは横座りをしながら、ペニスを引っぱり、強引に口の中に招き入れました。

ねっとりとした舌とふっくらとした粘膜に包まれた瞬間、脳天を快感の稲妻が貫きました。

私が交際してきた女性は年下ばかりで、もちろん口での愛撫は経験していましたが、彼女が見せた口戯は次元の違う快楽を吹き込んできたんです。

大量の唾液に泳がされたペニスは、先端はのどの奥で、胴体は粘膜で締めつけられ、なおかつ舌が別の生き物のように絡みつき、まるで膣の中に入れているのと変わらない感触でした。

顔の打ち振りが始まると、快楽はさらに増し、私はただ惚《ほう》けたように立ち尽くすことしかできませんでした。

「は、は、はぁっ」

「ンっ、ンっ、ンっ」

美香子さんは鼻から甘い吐息をこぼし、プラムのような唇をペニスの表面に往復させました。

生温かくて柔らかい口の中に包まれたペニスは、いまにもとろけそうで、コキュコキュというリズミカルな音が、射精感を上昇させていきました。

このときの私は膝をすり合わせ、腰を女の子のようにくねらせていたと思います。

ペニスはビンビンにそり勃《た》ち、真っ赤に充血していました。

美香子さんは口ばかりでなく、しゃぶりながら指で包皮をズリ下げてくるのですから、巧緻《こうち》を極めたテクニックには唖然とするばかり。節くれ立ったペニスを真っ赤な唇で咥え込む彼女のうっとりとした表情が、私をさらにあおりました。

こんな激しいフェラチオをされたら、とても我慢できるはずがありません。

私は両足をガクガクふるわせ、ついに我慢の限界を訴えました。

「ああ、み、美香子さん。お、俺、も、もう出ちゃいますっ！」

「あ……んぷっ」

あろうことか、私は精液を義母の口の中に放出してしまったんです。

美香子さんはすぐにペニスを吐き出し、二発目以降は彼女の口元や胸へと注がれました。

「やっ、何、この量!?　そんなにたまってたの？」

「あ、あ、ああっ」

「いいわ、ほら、たっぷりと出しなさい」

ペニスを激しくしごかれるたびに、濃厚な精液がビュンビュンとほとばしり、私は恍惚《こうこつ》の溜め息をあげつづけました。

立っていることさえままならず、膝からくずれ落ちると、美香子さんは含み笑いを洩らしました。

「やだ、服がベトベトだわ」

「はあはあ……す、すみません」

「ふふっ、今度は私を気持ちよくさせてもらうわよ。どうせ、全部出しきってないんでしょ?」

ひたすら肩で喘ぐなか、美香子さんは精液まみれのセーターとスカートを脱ぎ捨て、あおむけになりながら大股を開きました。

「あ、ああっ」

顔を上げれば、レース仕様の黒いブラジャーとショーツ、真っ赤なガーターベルトが私の目を射抜きました。

四十代半ばにもかかわらず、なんていやらしい下着を身に着けているのか。

大人の女性らしいセクシーランジェリーを目の当《ま》たりにした瞬間、萎えかけていたペニスは再び硬くなっていったんです。

布地面積の少ないショーツのクロッチが、割れ目にぴっちりと食い込み、中心部にはグレーのシミが広がっていました。

「いやだわ、こんなに濡れちゃって」

花の蜜に誘われる蜂のように、私はベッドに這いのぼり、美香子さんの股間の間に顔を突っ込みました。

やたら甘ずっぱいにおいの中に、ほのかなケモノ臭が混ざり、においをかぐたびに脳幹がじんじんとしびれました。

あの、人を惑わせる香りが、熟女のフェロモンだったのでしょうか。股布に鼻先を押しつけ、クンクンと犬のようにかげば、豊満なヒップがピクンと震え、さらなる濃厚な恥臭が香りました。

このときの私は、完全に性欲一色に染まっていたのではないかと思います。頭の中から、義理の母という考えは吹き飛んでいましたから。

むっちりとした太ももに両手を添え、割れ目をほじくり返すように鼻でグリグリとこね回していると、美香子さんは口から甘い溜め息をこぼしました。

「はあぁン、いい、気持ちいいわぁ。もっと激しくして」

彼女はブラジャーから乳房をはみ出させ、続いてショーツのクロッチを脇にずらしました。

真っ赤に腫れ上がった女陰の、なんと淫らな形状だったか。

すっかり厚みを増した陰唇は外側に大きくめくれ上がり、頂上のクリトリスも小指の先ほどまで肥大していました。

突き出た肉びらの中心は、じゅくじゅくとした鮮やかな紅色の粘膜がのぞき、息をするたびにこんもりとふくらんで、いまにも膣口から飛び出てきそうでした。

ひと言で表現すれば、ぱっくりと割れたザクロでしょうか。

熟女の発達した女陰に驚きつつも、むしょうに欲情してきて……。

気がつくと、私は美香子さんの秘所にかぶりついていました。

酸味の強い愛液をすすり上げると、粘っこい汁が次から次へと溢れ出てきて、私は口の周りをベタつかせながら、夢中になって肉厚の陰部をむさぼりました。

「あっ、やっ、ひっ、ンふぅぅぅっ！」

くねくねと腰を揺らす熟女の痴態にあおられ、ペニスはじんじんと疼きまくり、すぐにでも二度目の射精を迎えてしまいそうでした。

「ああ、いいっ！　おマ〇コいいっ！　武史《たけし》ちゃん、うまいわ、じょうずよ！もっと舌をくねらせて、クリトリスをこそげ落とすように弾くの。は、ひっ!!」

言われるがまま、私は舌先に渾身《こんしん》の力を込め、頂上の尖りを責め立てました。

いまの彼女やこれまで交際してきた女性たちも、クリトリスは敏感な箇所で、手荒に扱ってはいけないという先入観があったのですが、百戦錬磨《ひゃくせんれんま》の熟女には物足りなかったようです。

グミのような肉芽をグリグリとこね回せば、ヒップがビクンとはね、かん高い声が室内にとどろきました。

「あ、ひぃぃぃぃいっ！　イクっ、イッちゃうっ‼」

イキっぷりもまたすごくて、巨尻をグリングリンと回転させたあと、上半身を弓なりにそらせるのですから、感度のよさにも啞然とするばかりでした。

「はぁぁあっ、やだ！　武史ちゃんにイカされちゃったわ」

もちろん私のほうは収まりがつかず、ペニスは股ぐらで物欲しそうにひくついていました。

「ふふっ、たっぷりと搾り取ってあげる。あおむけに寝て」

「は、はいっ」

あおむけに寝転ぶやいなや、美香子さんは口元に淫靡な笑みを浮かべつつ、私の腰を跨ぎました。

ぬめっとした熱い肉びらが、亀頭をがっちりと挟み込んだ瞬間、ヌロロロッという感触とともに熱化した粘膜がペニスを包み込んでいきました。

「く、おぉぉぉっ」

「ああ、やっぱり硬い……若い男のおチ〇チンって、すごく硬いわ」

快感に上体をそらすなか、ペニスはあっという間に根元まで埋没し、とろとろの媚肉が上下左右から包み込んでいました。

膣の中の具合も、若い女の子とは全然違うんです。

彼女たちはキツいというか、硬いというか、そんな感触を受けるのですが、美香子さんの媚肉はとろとろに柔らかく、秘境の温泉に一人つかっているような感覚を与えました。

「ぬ、ぬおおっ」

腰を一往復させただけで、予想だにしない快美が背筋を走り抜けました。

膣内粘膜がうねうねとくねり、ペニスに絡みついてはやんわりともみ込まれ、このときの私は熟女とのセックスに没頭している状態でした。

「ああ、いいっ、いいわぁ。おマ〇コいいっ！」

「あ、ぐうううっ」

美香子さんが体をスライドさせはじめると、快楽の渦が股間の中心部で巻き起こりました。

巨尻の重み、恥骨同士がかち当たる感触とともに、ペニスが膣内で縦横無尽に引き転がされ、息が詰まるような圧迫感に身動きがとれないんです。

私はただ寝そべったまま、熟女の迫力あるピストンに身悶《みもだ》えるばかりでした。

「はあぁぁあっ！　武史ちゃんのおチ〇チン、お父さんとは比べものにならないわ。もう離れられなくなりそう！」

美香子さんは声を張りあげると、和式トイレのスタイルで腰を打ち振りました。

ブラジャーからこぼれ出た巨乳が、ワンテンポ遅れて上下するほどのピストンで、尻肉がバチーンバチーンと太ももを鳴らす音が室内にとどろきました。

結合部からはぐちゅんぐちゅんと淫らな水音が響き、私は激しい腰の動きに手も足も出せず、ひたすら奥歯を嚙み締めていました。

「ああ、いやっ、イキそう、またイキそうよ！」

美香子さんは熱い吐息をこぼし、今度は腰をしゃくり上げ、恥骨を下腹にこすりつけてきました。

熟女の性欲の強さ、貪欲《どんよく》さに恐怖さえ感じたほどです。

「く、くうっ」

根元を支点にペニスがグリグリと前後し、子宮口を叩く亀頭の先端が熱くひりつきました。

「ああ、イクっ、イッちゃいます!!」

快楽に悶絶《もんぜつ》するなか、続いてヒップが大きくグラインドし、精液が出口に向かって怒濤《どとう》のようになだれ込みました。

いくらなんでも、義理の母の膣内に射精するわけにはいきません。

泣きそうな顔つきで我慢の限界を訴えると、美香子さんは抜群のタイミングでペニスを膣から引き抜き、細長い指をそれに絡めました。

「いいわよ、たくさん出して!」

「あ、あ、あぁぁぁっ!」

愛液をたっぷりとまとったペニスは、燃えさしのロウソクのようでした。

ヌルヌルの感触がすごく気持ちよくて、私はあっけなく放出を迎えてしまったのです。

「あ、出た出た。すごいっ! 二度目なのに、すごい勢いだわ!!」

「ぐ、ぐおぉぉぉぉっ!」

熱いかたまりが、ビュンビュンとはね飛んでいるのはわかっていました。身をのけぞらせていたので、私の視界には入りませんでしたが……。

「ふふっ、やっぱりたまってたのね。もう出ないのかしら？」
五、六回は脈動したでしょうか。射精が終わりを迎えても、快楽の余韻が残り、私は全身の筋肉を硬直させていました。
「一滴残らず搾り取ってあげる」

根元からしごき上げられ、尿管内の精液がピュッとはね上がった直後、またもや心地のいい感触がペニスに走りました。

美香子さんが身を屈め、精液まみれのペニスを口に含んだんです。

「は、おおおおっ」

生まれて初めてのお掃除フェラは、私に熱い感動と悦びを与えました。

意識を失いそうな恍惚にひたった経験も初めてで、義理の親子でなければ、まちがいなく彼女の肉体に溺れていたでしょう。

気持ちが落ち着くと、私は罪の意識にさいなまれました。

美香子さんはあっけらかんとしていて、その日以降も色目を使ってくるのですから、このままではいけないという気持ちに変わっていきました。

そして禁断の関係を結んでからひと月後、私は近くのマンションに部屋を借り、逃げるように実家をあとにしたんです。

ところがホッとしたのも束の間、美香子さんは心配だからと、私の部屋に通ってくるようになりました。

いつも刺激的な格好でやってくるので、もちろん彼女の魂胆はわかっていました。

これまたはっきりと拒絶できないまま、つい二度目の関係を結んでしまい……。

熟女のテクニックに翻弄《ほんろう》され、いまの私はくもの巣にかかった虫と同じようなものです。

気がついたときには美香子さんの肌をむさぼり、二度、三度と精を吐き出しているのですから。

恋人が遊びにきたとき、室内に残る強烈な香水のにおいに浮気を疑われ、ほんとうに困っているんです。

第二章

血縁関係のある男女が溺れた卑猥な肉悦

台風の夜に奇跡的に結ばれた島人の母子 美しい浜辺で禁断の連続絶頂ナマ青姦！

比嘉智之　農家・三十八歳

我が家では父の代から沖縄でサトウキビ畑を運営しており、本土でサラリーマンをしていた私でしたが、父の死をきっかけに帰郷して、六十歳になる母を助けて後を継ぎました。私は結婚していたのですが、妻とはとっくに冷め切っており、これもいいきっかけだろうと離婚しました。

なにしろ広大な畑ですから収穫の際にはアルバイトを大勢雇いますが、それ以外の日常の業務は母と二人でなんとかこなしています。

母は独身のころ、米軍基地近くのスナックで米兵相手のホステスをしていたこともあり、あか抜けたきれいな人で、子どものころから自慢の母でした。正直に言うと、思春期のころには母の下着を盗んでオナニーにふけったこともありました。

還暦を過ぎた現在でも母は相変わらず美しく、そんな母と二人で暮らすのも悪くないものでした。

今年の夏は例年より台風の発生が早く、収穫期を迎える夏前に、沖縄直撃の台風がありましたが、母と結ばれたのはその夜でした。暴風雨を窓外に聞きながら、私たちは抱き合ったのです。

窓という窓がガタガタと揺れて、家じゅうがギシギシと不吉な音を立てます。庭の樹木は根元から大きくうねり、いつ家屋に向かって倒れてくるかわかりません。瓦は飛び、雨洩りはやまず、いくら台風に慣れたウチナーンチュ（沖縄人）でもさすがに不安に感じるほどでした。

そのうえに農作物被害への不安もあります。収穫前に全滅でもしようものなら、収入は根こそぎなくなりますから、気が気ではありませんでした。

ふだんは別々の部屋で寝ていた私と母でしたが、その夜ばかりは同じ部屋に布団を敷いていました。眠気はなく、私は布団の上にあぐらをかき、煙草を吸いながら屋外の様子をうかがっていました。

どうせ眠らないならということで、泡盛《あわもり》を持ち出したのは母だったと思います。とにかく、二人でちびちび飲んでいたのです。

どちらからともなく、私たちは身を寄せ合い、手をとり合っていました。あたりまえのことですが、何十年振りで母とつなぐ手は、記憶よりずっと小さく、頼りないものでした。肩などもきゃしゃで、弱々しく感じました。ただ、手の温かさだけは記憶のままで、それがうれしかったものです。

私は間近に母の目を見ました。私をチラ見してそらされた母の瞳はうるんでいて、心なしか頬も紅潮しているようでした。誘う女の顔でした。いや、それは考えすぎかもしれませんが、少なくとも性的に興奮しているように見えました。

誘蛾灯《ゆうがとう》に引き寄せられる夏の虫のように、私の唇が母の唇に近づきます。そして、私たちはキスしました。母は抵抗しませんでした。それどころか、母の唇は薄く開けられ、私の舌を誘っていました。

私は夢中で母の唇にむしゃぶりつきました。母もそれにこたえて舌を私の舌に絡めてきました。泡盛の味をお互いの口中に感じながら、私たちは長いキスをしました。

「あああ、あふぅううううんんん……」

熱く酒気を含んだ吐息が洩れ、私の胸を熱くしました。妻と最後に唇を合わせたのがいつだったか、正確には思い出せませんが、何年振りかの女性とのキスでした。それは母も同じだったと思います。

人は、男も女も、キスを交わし、肌をふれ合わせなくては生きていけないものではないでしょうか。たとえ母子であっても。

私は、母の乱れた浴衣の襟元から手を挿し入れ、その豊かな乳房にふれました。

「あんん、んん、むぅうううんんん……」

母は敏感に反応しましたが、拒絶する様子はありませんでした。それどころか私の指先を歓迎しているようでした。私は、豊満な乳房をまさぐり、大きく、硬く充血した乳首を探り当てました。

「あんんッ！　気持ちいい……」

私は、柔らかな乳房の感触を楽しみ、また、乳首のこりこりした感触を楽しみました。指先でつまんだ乳首を優しくひねり、ねじります。

「あああ、あんん……ねえ、昔みたいに、吸ってみて？」

昔みたいに、という母の言葉に、これが、私が乳児のころにむしゃぶりついた乳首であることを思い当たりました。

別れた妻や、そのほか何人かの肌を合わせた女の乳首にも吸いついたことはありました。セックスの際に女の乳首を吸うのはごく一般的な愛撫でしょうが、あれは乳児の記憶の追体験かもしれません。

だったら、ほかの女で間に合わせの疑似体験をするよりは、私は、男は、最初から母の乳首に帰ってくるべきなのかもしれない。そんなふうに思いました。

私は母の胸に顔を埋め、乳房に唇を這わせ、突き出した舌で乳首をなぞりました。

「はぁあああ……ッ!」

ビクンと、母が身をふるわせました。私はそのまま乳輪を舌で丸く舐め、乳首を口に含んで、ちゅうちゅうと吸いました。そうです。まるで乳児のようにです。

「あぁあん、気持ちいい。そうよ。もっと吸ってぇえ……ッ!」

私は夢中で母の乳首にむしゃぶりつきました。口の中で舌を乳首に絡ませるように激しく動かします。

「んんんんんんッ！　はん、はん、はあぁぁんんんッ！」
母は大きく喘いでのけぞりながら、両腕で私の頭を抱え込みました。そのまま
もろとも布団の上に倒れ込みました。
私は母におおいかぶさり、左右の乳房と乳首を交互に愛撫しました。右の乳首
に吸いつきながら、左の乳首を指で刺激します。続いて左の乳首に吸いつき、唾
液の滴《したた》る右の乳首を指先でつまんで唾液をなじませながら愛撫するのです。唾液
が乾きそうになるとまた右の乳首に吸いついて、今度は左の乳首を指でつまんで
愛撫します。常に左右の乳首は唾液まみれがキープされ、快感が増すはずです。
「はあんん、ふぁああ、あああぁぁあッ！　気持ちいいぃいッ！」
母は大きく喘ぎながら、布団の上でのたうち、シーツをしわだらけにしました。
「ああ、ねえ、こっちも、こっちもさわってぇええ……」
母は私の手をとり、下腹部へと導きました。私としてはもちろん望むところで
す。母に遠慮して、さすがに進めなかった領域でした。私は母の手に導かれなが
ら、浴衣のすそから手を挿し入れ、太ももをたどって股間へと向かわせました。
陰毛におおわれた陰部は、溢れ出した愛液で、とっくにびしょびしょに濡れて

いました。私は縦割れの陰部をこすり、クリトリスを刺激しながら、陰唇を開いて膣口に指を軽く押しつけました。そこは大口を開けて私の指をぬるりと呑み込みました。

「あああ、あんんん、ひぃいいぃぁあああああぁッ！」

母は喘ぎながら腰をうねらせ、身を捩じらせて、私の指をもっと深く迎え入れようとしました。イソギンチャクのような海洋生物みたいに、女陰が意志を持ってうごめいているようでした。

「ああ、そう、気持ちいいよぉう。指で、そこを、かき回してぇえ……」

私は母の言葉どおりに、膣内に挿し込まれた指を屈伸させて、内壁の肉襞をこすり立てました。ぐちゅぐちゅと白濁した愛液が泡立ち、独特の刺激臭がにおい立ちました。

「ああ、そう、それがいいの。気持ちいいのぉう……ッ！」

母が身悶えながらも、私の股間に手を伸ばしました。勃起したペニスに母の指が絡みつき、腰の奥に疼きにも似た快感が走りました。

「すごい。こんなに大きくなってる。立派に大人になったんだね……」

もうとっくに中年の私に大人も何もないだろうと思いましたが、母親にとって息子はいつまでも子どもなのかもしれません。

母は半身を起こして、握り締めた私のペニスに顔を近づけました。

「いいにおい……」

そう言うと、母は私のペニスに舌を這わせます。肉茎から、亀頭へと愛撫は進み、ぱんぱんにふくらんだ亀頭が、母の口に含まれました。

私も負けじと身を乗り出して母の陰部に顔を埋めます。絡みつく二匹のハブのように、私たちはお互いの陰部を求めて抱き合いました。

「はあぁあああんんんん……ッ!」

私たちは夢中になってお互いの性器を舐めしゃぶり、愛撫にふけりました。窓の外の暴風雨は意識から消えて、ただただ情欲の炎に身をまかせていたのです。

ここでやめるべきか、ここまでにしておくべきか、そういう考えもありました。最後の一線を越えていいものかどうか、心理的なハードルがなかったわけではありません。

「ねえ、入れよう?」

その母の一言がなければ、あるいは私からはできなかったかもしれません。母の一言が私の背中を押してくれたのです。

私は身を起こして、母の美しい肉体におおいかぶさりました。両脚を大きく開かせてその間に自分の身を割り込ませました。手を添えたペニスを母の膣口に向け、押しつけた亀頭で陰唇を押し広げ、膣口を割って膣内へと挿入しました。

「あぁあああああああああああ、はぁあああぁあんんんんんんッ！」

母は大きく喘いで身をよじり、背筋をのけぞらせました。

十分すぎるほどにうるおった膣内の肉襞は、ほとんど何の抵抗もなく、私のペニスを奥の奥まで呑み込みました。一気に亀頭が最奥部に届いた感触がありました。

腰を引くと、しびれるような感覚がペニスから、腰の奥、背筋を伝わって脳髄を直撃しました。オナニーとははっきり違う深い快楽です。

母子でセックスする罪悪感があったとしても、そんなものは吹き飛ばしてしまうくらいの大きな肉の悦びでした。

もう止まりません。私は再び力強く腰を突き入れ、また引き、ピストンを始めました。ここへ来て何に遠慮する必要があるでしょうか。

「はん、はん、はん、はぁあんッ！」

母は私の腰の突きに敏感に反応して、リズミカルに喘ぎます。

「それ、すごい。気持ちいい。すごいとこに当たってるぅうッ！」

男にはわかりませんが、女性の膣内は快感神経を刺激するポイントのようなものがあるらしく、私のペニスの形とか角度とか硬さが、ちょうどそこを刺激するようでした。

「あ、あむぅう、あ、ああ、すごい。こんなの、初めてぇええッ！」

父よりも、それ以前の恋人よりも、あるいは、独身時代につきあったこともあるらしい米兵よりも、私のチ〇ポが気持ちいいと母は思ってくれているのでした。

そしてそれは、私にとって、これ以上ないくらいにうれしいことでした。

私は勢い込んでピストンを速めました。二人の体から噴き出す大量の汗が肉の密着度を増し、このまま全身が溶け合ってしまうような甘美な錯覚さえありました。

腰の奥に早くも射精の予感がありました。策略も計算も手練《てれん》手管《てくだ》も何もありません。目の前にぶら下がるニンジンを追う馬のように、私たちはひたすらに絶頂に向かって駆け昇りました。

「ははぁあんんッ！　いいよ。気持ちいい。もうイク。イクぅううう。あなたもイッて！　いっしょにイッて！　中に出していいからね。中に出して。中にちょうだい！」

後頭部を殴りつけられたような衝撃とともに、私は母の膣内に向けて射精しました。

「ひぃいいいいいい、いぁああああああああぁぁんんんんッ！」

母もほとんど同時に絶頂に達したようで、びくびくとケイレンを繰り返しながら、全身を伸び上がらせていました。全身の筋肉の緊張とともに膣口もぎゅうっと締まり、私のペニスから精液を搾り取ろうとしていました。

精液どころか、体中の水分が全部搾り尽くされてしまうような感覚で、過呼吸のせいか、頭の中が真っ白になりました。

私は布団の上にあおむけに引っくり返って、なんとか呼吸をととのえようとしました。そのまま何分たったでしょう。先に回復したのは母でした。どうやらセックスは男のほうが体力を消耗するもののようです。あるいは、女のほうが生命力に溢れているということなのかもしれません。

とにかく、先に回復した母は、半身を起こして私の射精を終えてだらしなくだらりと伸び切ったペニスを手にとり、舌を這わせました。愛撫としてのフェラチオというよりは、母自身の淫水をぬぐい取ろうとする行為でした。

「汚れちゃったから、きれいにしてあげる……」

そう言って母は、しなびた亀頭から肉茎から、玉袋まで、また、伸びた包皮をめくってその裏にまで舌先を這わせてくれました。

乳幼児のころ、こうやって下の世話をしてくれたのでしょう。オムツをとり替えてもらったころの記憶はさすがに忘却《ぼうきゃく》の彼方《かなた》ですが、母の慈愛に満ちた行為には、それを連想させる優しさが溢れていました。

母は、そのまま頬を私の太ももに乗せるようにして、柔らかいペニスをいつまでも舐めしゃぶりつづけました。もしかしたら、セックスそのものよりも長い時間そうしてくれたかもしれません。私はといえば、酔いもあって、半ば朦朧としていましたから、時間の感覚が定かではありません。

「マシュマロみたい」

母は、私の脱力したペニスの触感をそう表現しました。

「こうされてるの、嫌じゃない？」

人によっては、射精後のペニスにふれられるのをいやがる男もいるらしいし、私だって相手が母じゃなかったらそう感じたかもしれませんが、母に身を預けているのは、けっして不快ではありませんでした。それこそ、乳幼児が母にすべてを託してまどろんでいるような感覚とでも言えばいいのでしょうか。それはとても心地よいものでした。

本土でのサラリーマン生活と結婚生活に疲れた体の芯に残る疲労がゆるみ、いやされていくようでした。まちがって流れ着いた流氷が沖縄の太陽と海に溶かされていくように。

「いやじゃないなら、いくらでも、いつまででも舐めていてあげるからね」

そう言ってまた私の萎えたペニスを頬張る母の優しさに、私は思わず涙ぐみました。母親というものはどこまでも優しいんだろうと感動しました。

そして、そんな母の優しい舌に、やがて私のペニスは力をとり戻していきました。海綿体に血流が戻り、ゆっくりと首をもたげはじめました。

まるで、沼の底の泥の中で冬眠していた亀が、春の訪れに目覚めるようでした。とはいっても沖縄の爬虫類《はちゅう》は冬眠なんかしないのですが。

「また、大きくなってきたね」

母がうれしそうに微笑んで、半勃起した私の亀頭を口に含んで、本格的なフェラチオを始めました。私の下腹部で母の頭が激しく上下して、唾液が泡になって滴ります。

いまや完全に復活したペニスを振り立てて、私は再度母の肉体に挑んでいきました。

「はぁあああ、あぅううんんんんんッ！　やっぱり、すごいよ。すごく、気持ちいいぃいいいッ！」

母の悦びは私の悦びでした。二度目ですから、がっつく必要はありません。早く射精してしまう恐れもありません。私は、ゆっくりとピストンを繰り返しながら、全身をなでさすって、母の肉体を隅々まで堪能しました。

「はん、はぁああんん、ああ、ああ、あぁひぃいいいいいいいいいッ！」

おもしろいように母は敏感に反応して、びくびくと腰をケイレンさせて快楽を感受していました。

私は半身を起こし、母の腰に手を回して、ぐいと引き起こしました。接合部はそのままに向かい合って座る格好です。対面座位とでも言うのでしょうか。

私たちは顔を間近に見合わせることになり、二人の眼下には、女陰を陰茎が出入りする様子が見おろせます。

「ああ、入ってる。入ってる。こんなに深く入ってる。出入りするのが見える。ぐちゃぐちゃになってるぅうう。恥ずかしいぃいい……ッ！」

溢れ出す母の愛液が激しいピストン運動で撹拌《かくはん》され、メレンゲ状になって肉幹にまとわりついている様子が克明に観察できて、母はそれを恥ずかしがっているのでした。

しかし、そう言いながらも母は、比較的自由になった尻を激しく振り立てて、ピストンを返してくるのでした。母にとって羞恥は激しさの抑制にはならず、かえって快感を増しているように思われました。

それなりの経験を積んでいることはうすうす知っていましたが、それでも私に見せていた母親の顔から、なんとなく清楚なイメージを持っていた私でしたから、こんなにも欲情のとりこになっている母の姿は少なからず衝撃的でした。

それはけっして幻滅という意味ではなく、意外な一面が知れたうれしさがずっと勝っていました。そして、その淫乱な血は、当然私にも流れているものなのです。私たちはもう誰に遠慮することもなく、お互い虚飾の仮面を脱ぎ捨てて獣欲に身をまかせました。

激しい座位のピストンは、ともすればリズムが乱れてお互いの恥骨がぶつかったりもしましたが、それで二人の腰の勢いがそがれることはありませんでした。どちらがよりケモノになれるか、競い合うように私たちは快楽をむさぼりました。

「ああ、だめ、また、イッちゃうよ。すぐイッちゃうよ。ねえ、ちょっと、待って、気持ちよすぎるから、ちょっと、待って……」

待てと言われても待てません。そういうことならまたイカせたいと私は思いました。私はここぞとばかりに腰を叩きつけてピストンを激しくしました。

「ああああああ、意地悪ぅうんんんんんんんんんッ！」

天邪鬼《あまのじゃく》な対応に恨みと媚を含んだ流し目で私を見ながら、母が絶頂へと向かいます。私もそのまま射精するつもりでした。明日の筋肉痛を予感しながら、私はさらにピストンを激しくし、一気呵成《いっきかせい》に腰を叩きつけました。

「ひぃいいッ！　イク、イク、イクぅうううううッ！」

二度目の絶頂を果たした私たちは、ほとんど気を失うようにして布団に倒れ込み、朝までそのまま眠りつづけたのでした。

幸い台風の被害は想定内を超えることもなく、胸をなでおろした私たちでしたが、以来、母との関係は続いています。

私たちは屋内屋外を問わず、自由に抱き合っています。そもそもが過疎《かそ》気味の地域ですから、ほとんど人目をはばかる必要がありません。

誰も来ない海岸で、全裸で泳いだりもします。日米戦争の置きみやげで、沖縄の海底には多くの戦艦や戦闘機の残骸が残されており、海水に溶け出した鉄分が海草を育てさんごを育て、そのほか植物性プランクトンの栄養になって、それをエサとする魚たちが集まります。海草の森は魚たちの隠れ家になり産卵場所になり、その魚たちをエサにする大型の魚たちがまた集まり、実に豊かな生命循環が行われているのです。

私と母は、そんな海にもぐって魚や、豊富な貝類を採ります。そのまま夕食のおかずになるわけですが、私たちはそのまま無人の浜辺で抱き合います。

母の好みは、岩壁に手をついた母の背後から、私がペニスを挿入する体位です。私は母の左右の臀部を両手でつかみ、広げ、中央の女陰にペニスを突っ込んで中をかき回します。沖縄のどこまでも明るい太陽の光に照らされて、隠すものは何もありません。

ペニスの出し入れに合わせてめくれ上がる膣口は、ふだんは内部に隠されているピンクの内臓までを露出させます。その上には肛門括約筋のすぼまりがあり、そのしわの一本一本、そこに生える陰毛の毛先の震えまでが、さらけ出されています。

母の巨乳は重力に従って地面に向けてぶら下がり、私は背後から手を回して牛の搾乳のように乳房をもみしだきます。

母は大声で喘ぎますが、どれだけ大きな声を出しても誰にも聞こえる気遣いは必要ありません。観光客シーズンか、収穫期でアルバイトが大勢来ているときをのぞけば、ほとんど過疎と言ってもいいくらいなのですから。

射精して果てた私は、そのままに砂浜に寝転がって、思う存分脱力します。そのあたりはちょうどいい木陰になっているので、そのまま昼寝することもあります。

母の絶頂が十分じゃなかったときなどは、母は二度目を要求します。寝転がる私の下腹部におおいかぶさって、フェラチオするのです。

もう無理、と思っていても、母の口唇愛撫で、魔法のように私のペニスは復活します。母はそのまま私の下腹部に跨って、騎乗位で挿入します。

「ああ、気持ちいい。あなたのチ〇ポって、ほんとうに素敵……」

母はそんなことを言って、私を喜ばせるのです。そして母は腰を回して、膣内をペニスがかき回すようにします。豊かな経験から、どこをどうすればより強い快感が得られるか、また、私のペニスを効果的に締め上げることができるか、男女の肉体のことがよくわかっているのでしょう。

母の膣口が私のペニスを咥え込んで、ひくひくと歓喜にケイレンする様を観察するのは、とても心楽しいものです。やはり母のヴァギナはイソギンチャクを連想させます。私のペニスを呑み込んで放さず、もぐもぐとうごめいて、まるで咀《そ》嚼《しゃく》しているかのようです。

私たちは飽きることなく波打ち際で愛を交わします。波に洗われながら、尽きることない欲望のおもむくままにお互いの性器を味わうのです。

そんなふうに青い海と広い空の下で、泡立つ波と白い砂にまみれて母と抱き合っていると、世界に私と母の二人しかいないような錯覚に陥《おちい》ります。そしてそれはとても幸福な世界なのです。

こうしてみると、本土でのサラリーマン生活や結婚生活が、いかにつまらないものであったかがよくわかるのです。

麗しい美継母の美脚をマッサージした僕
スカートの中の媚香に魅了されて……

水田孝明　公務員・二十一歳

幼いころ、母の浮気が理由で両親が離婚したため、長年ぼくと父は二人暮らしをしていました。

その父が半年前に突然、再婚をすると言って見知らぬ女性を家に連れてきたのです。

まったく何も聞かされていなかったぼくは、紹介された女性を前にして驚きを隠せませんでした。まさか五十歳を過ぎた父が再婚を考えていたなんて。

再婚相手として連れてこられたのが、恵子《けいこ》さんという四十五歳の女性でした。

お互いにバツイチで、父の知人の紹介で知り合ったのだそうです。彼女には子どもがいなかったので、再婚の話もスムーズにいったようです。

見た目は若々しく、年齢のわりにはきれいな人でした。

それよりも目を引いたのは、服の上からでも一目でわかる巨乳ぶりでした。三十代の半ばぐらいにしか見えない美人で、熟女AV女優のような色気たっぷりの体つき。父が再婚相手に選んだのもわかる気がします。

でも彼女のことを母親と呼ぶのは、かなり抵抗がありました。いくら美人でも、まったく見ず知らずの女性がいきなり家族の一員になったぼくの気持ちも、おわかりいただけるでしょうか。

もしかして、父は色気にだまされて、たちの悪い詐欺師にでも引っかかったのでは……そんな思いもありました。

しかし、暮らしはじめてしばらくすると、彼女へのわだかまりもどこかに消えてなくなりました。

恵子さんは料理だけでなく、掃除洗濯もすべてこなしてくれる、家庭的な女性だったのです。料理が苦手でコンビニ弁当も多かったぼくには、とても助かりました。

また、彼女は手の空いている時間には、パートの仕事にも出かけていました。

これも家計を助けるためで、父の資産を目当てに結婚したようなお金にがめつい女性でないこともはっきりしました。

彼女のことがわかってくるにつれ、ぼくは恵子さんと家庭内で少しずつ打ち解けていきました。

恵子さんも新しい息子のぼくには優しく、本当の母親のように接してくれます。二人でいるときは会話も弾み、まるで年の離れた仲のいい女友だちといるようでした。

ただ、いくら家族だとはいっても、相手は血のつながっていない一人の女性です。

これまで男二人の女っ気のない暮らしだったので、恵子さんがいると家の中がパッと華やかになりました。それはいいのですが、どうしても彼女のむっちりと熟れた体が目に入ってくると、ドキッとしてしまうことがあるのです。

特に意識してしまうのは胸元です。ただでさえ大きなふくらみが目を引いてしまうのに、胸元がゆるい服だとはっきり谷間が見えることもあって、そういうときは思わず視線が釘づけになってしまいます。

もしかしたら恵子さんもそのことに気づいていたのかもしれませんが、特にぼくに注意をすることもありませんでした。相変わらずぼくの前では一人の母親としてふつうにふるまっていました。

そうした生活が続いていた、ある日のことでした。

ちょうどそのころ、恵子さんはスーパーのレジのパートをしていました。立ち仕事は疲れるのか、パートから帰ってくるといつもソファに横たわって足をさすっていました。

「今日も足がパンパンになっちゃった。もうむくんじゃってたいへん」

スカートから伸びたふくらはぎを手でさわりながら、そうぼくに話しかけてきます。

「そんなに足腰が弱ってるなら、もう年なんじゃないの」

「失礼ねぇ。私だってまだまだ若いつもりなんだから」

そんな軽口が叩けるほど、ぼくたちは打ち解けていました。まだ母さんと呼ぶのはてれくさいので、お互いに「恵子さん」「孝明《たかあき》くん」と呼び合っていました。

そのときぼくはつらそうに足をもんでいる恵子さんを見て、ほんの軽い気持ちでこう言ってあげたのです。

「もしよかったら足をマッサージしてあげようか」

「あら、ほんとうに？　助かるわ」

彼女はうれしそうに言うと、ぼくに向かって足を差し出してきました。

一瞬、ぼくはドキッとしました。すぐ目の前に伸びてきた足の奥に、白いショーツが見えたからです。

ソファの隣に座ったぼくは、ショーツが見えたことは黙ったまま、ふくらはぎをマッサージしてあげました。

「ありがとうね。ああ、気持ちいいわ」

手のひらで優しく足をもんであげると、横になっている恵子さんは気持ちよさそうな声を出して目を閉じています。

ぼくにとっては、生まれて初めての母親への親孝行です。いつも働きに出たあとに家事もしてくれる恵子さんへの感謝の気持ちでもありました。

ただ困ったことに、どうしてもチラチラと見えるスカートの奥が気になって、そちらにばかり意識が集中してしまうのです。

しかもさわっている足はムチムチとやわらかく、太もものお肉はさらにボリュームがあります。ぼくの手はさりげなくそっちもなでるようにマッサージしていたのですが、恵子さんは何も言いませんでした。

手のひらに伝わってくる、プニュプニュした太もものさわり心地。思わずぼくはゴクッと生唾を飲み込んでしまいました。

「ねぇ、せっかくだから背中もマッサージしてくれない？　そっちも仕事中からだいぶ張って困ってたの」

ぼくが足をもんでいる最中に、恵子さんがそう頼んできました。

もちろん、それくらいおやすい御用だと背中に手を伸ばそうとすると、恵子さんは「ちょっと待ってて」と言い残し、自分の部屋へ引っ込んでしまいました。

いったいどうしたのだろうとしばらく待っていると、部屋の中から「いいわよ、入ってきて」と声がかかりました。

ドアを開けたぼくは、部屋の中に入って驚きました。なんと恵子さんが上半身裸になり、ベッドにうつ伏せになって横たわっていたからです。

「早くこっちに来て。服を着たままだとマッサージのじゃまになると思って、脱いでおいたの」

呼ばれてベッドに近づいたものの、さすがに目のやり場に困りました。まさかショーツ一枚の格好で待っているなんて、思ってもいませんでした。

四十五歳の恵子さんの裸は、適度にふくよかで腰の回りには少しだけ肉が余っていました。やわらかそうな脂肪のついた肌からは、化粧品の甘いにおいもただよってきます。

とりあえずぼくは恵子さんの脇に座り、肩甲骨のやや下の位置を両手で強く押してあげました。

「違う、もっと下のほう。うーん、そこそこ」

どうやら腰の部分に張りと疲れがたまっているようです。そこを中心にさすってほしいというリクエストでした。

ぼくにはマッサージの心得などないので、適当に力を加減して押したりもんだりを繰り返しました。それが意外と効き目があったらしく、恵子さんには長年の疲れがとれるようだと言われ、喜んでもらえました。

だけどぼくの意識は、完全に別の場所に集中していました。

マッサージしている背中のすぐ真下にある、白いショーツに包まれたお尻。おまけにうつ伏せの姿勢で巨乳がベッドに押しつぶされ、体の脇からぐにゃりとはみ出しているのです。

そんなものを目の前で見せつけられては、とても冷静でいられるはずがありません。しかも恵子さんは、腰をもまれて気持ちがいいと、「うーん」という色っぽい声を出すのです。

実はぼくはまだ女を知らない童貞でした。生で女性の裸を目にするのも初めてなら、こうして体をさわるのも初めてでした。

興奮してはいけない、変な気をおこしてはいけないと思いつつ、そう考えるとよけいに股間がムズムズしてきます。とうとう我慢できなくなり、ぼくはズボンの中を硬くさせてしまいました。

それでもバレずにマッサージを続けていたのですが、今度は恵子さんがベッドから体を起こし、肩をもんでほしいと言うのです。

急に目の前に現れたおっぱいに、ぼくは息が止まりそうでした。

さっきまで押しつぶされていたふくらみが、元の形に戻って小さく揺れていたのです。片手で支えてもはみ出しそうな大きさで、FカップかGカップはありそうでした。

「あらあら、どうしたの？　おっぱいを見てびっくりしちゃった？」

恵子さんはあわてているぼくを見ておかしそうに言いました。

おっぱいを見られて恥じらうでもなく、表情もいつもと変わりません。逆にぼくのほうがてれて顔が熱くなっていました。

ぼくは背中に回り、肩をもみはじめました。いやらしい気持ちを悟られないように、手つきにも気をつけます。それでも背中の向こう側にあるおっぱいが気になって仕方ありませんでした。

「おっぱいが大きいと肩がこるのよ。こんなに育っちゃったでしょ。若いころからずっと悩まされてきたの」

「へぇ、そうなんだ」

なにげなく返事をしつつ、ぼくは肩越しにこっそりおっぱいを眺めました。

見れば見るほど、四十五歳とは思えない体つきです。おっぱいの大きさも理想的だし、それ以上にやや垂れかかったふくらみの形と、大きめな乳輪のいやらしさがたまりません。

すると、恵子さんは肩をもんでいるぼくに、突然こう言ったのです。

「さわりたいなら、さわってもいいのよ」

ぼくは「えっ……」と言ったっきり、手を止めてしまいました。

「遠慮しなくてもいいのよ。さっきから気になってたんでしょ？　見てるだけじゃかわいそうだから、ちょっとだけならさわらせてあげる」

思いがけない誘い言葉に、ぼくは心の中で迷いました。

どうしよう、せっかくさわってもいいと言ってくれてるんだし……でも、からかわれているだけかもしれないし……などとあれこれ考えましたが、結局は誘惑に勝てませんでした。

肩をもんでいた両手を下に移し、腋の下から手を伸ばして両方のおっぱいを包み込みました。

むぎゅっと手のひらいっぱいに温かい感触が広がります。マッサージした体のどの部分よりもやわらかく、ほんとうにずしりとした重さがありました。

最初はちょっとさわって手を離すつもりでしたが、もったいなくて途中でやめることができません。それぐらい恵子さんの巨乳の手ざわりは最高でした。ぼくは背中に抱きつきながら、夢中になって両方のおっぱいをもみしだきました。

「ふふっ、そんなに興奮するの？　ずいぶん息が荒いようだけど」

恵子さんにもぼくの昂った気持ちは伝わっているようです。ぼくをからかいつつも、手を止めさせようとせずに好きにさせてくれました。

ぼくもだんだん図々しくなり、おっぱいをもみながら軽く乳首もつまんでみました。

そうすると恵子さんはくすぐったそうに笑いつつ、乳首を硬くさせているのがわかりました。

「いやらしいのね。そんなところまでさわって」

「ち……乳首へのマッサージだよ。ほら、乳がんのチェックにもなるかもしれないし」

自分でもあきれるぐらい適当な言いわけです。恵子さんが信用しているとはまったく思えませんが、ぼくはかまわずに指を動かしつづけました。

すると背後にいるぼくの股間に、恵子さんの右手が伸びてきたのです。

「あら、これは何なの？　偉そうなこと言って、しっかりここを硬くしてるじゃない」

恵子さんの手のひらは、ズボン越しに勃起したペニスをまさぐっています。

ぼくは面食らったというか、こそばゆい刺激を受けて手が止まってしまいました。直接的なタッチではなくても、亀頭をなでる手つきはしっかり伝わってきます。

できることなら、ズボンの上からではなくダイレクトにさわってほしかったのですが、とてもそんなことは口には出せませんでした。

いまだってマッサージという口実があるとはいえ、かなり危ない行為です。ぼくが恵子さんのおっぱいをさわって、恵子さんの手はぼくの股間をもんでいます。しかもお互いに気持ちよさを感じながら、息を弾ませているのです。

「ねぇ、私もだんだんエッチな気分になってきちゃったわ」

そう言いながら、恵子さんはおもむろにはいていたショーツを腰からおろしはじめました。

何も身に着けていないすっ裸になった恵子さんを、ぼくは驚きながら見ていました。脱いだショーツをベッドの脇におくと、そのまま腰を浮かせてこっちへ向き直り、体を隠そうともしないのです。

「あら、そんな顔しないでよ。せっかく全部脱いであげたのに」

「いや、だって……」

もしかすると恵子さんにはぼくの顔が、困っているように見えたのかもしれません。

でも実際は、どういう顔をしていいのかわからなかったのです。うれしい反面、いったい何をするつもりなんだろうととまどっている、両方の気持ちがありました。

「孝明くんはずいぶんマッサージが得意みたいだから、次はここもお願いね」

ベッドに横たわった恵子さんはぼくに向かって、見せつけるように足を開いていきました。

思わず、うわっ、と声に出しそうな眺めでした。

思いきり開かれた足のつけ根には、真っ黒な陰毛が割れ目の周りにまで広がっていました。大きめなびらびらがはみ出して、その奥には穴がぽっかりと開いているのまで見えます。

正直に言えば、もう少しきれいなものを想像していました。毛深くて色も褐色に近いし、開きっぱなしの割れ目がちょっとグロテスクな形にも見えます。

だけど恵子さんは自信満々に見せつけながら、ぼくの手を股間まで引っぱり込みました。

「じゃあ私はじっとしてるから、マッサージをまかせたわよ」

恵子さんが冗談で言ってるのか本気で言ってるのか、ぼくには判別がつきませんでした。そんな場所のマッサージなんて聞いたことがないし、そもそも女性の股間をさわることさえ初めてなのです。

とりあえずぼくは、マッサージらしく手のひらを押し当てて、軽く上下に動かしてみることにしました。

ザラザラとした陰毛と、ぐにゃりとやわらかい谷間をまとめてこすり上げます。

それを繰り返していると、恵子さんの体が少しずつ反応してくるのがわかりました。

「はぁっ……」

薄く目を閉じながら、喘ぎ声に近い色っぽい息を吐き出しています。下半身も落ち着きなくもじもじと揺れていました。

「とってもいい気持ち……もっと中のほうもさわってみて」

「こ、こう？」

ぼくは言われるままに指先をあそこの内側へ押し入れてみました。

開きっぱなしの穴はすっぽりと指を呑み込み、内部はとても熱く濡れていました。

しかも入り口から奥の狭くなった部分まで、休みなく指を締めつけてくるのです。ものすごく強い力ではないのですが、強弱をつけてクイクイと絞ってくるので、まるで別の生き物の体内にいるようでした。

そのねっとりとした感触に、ぼくのズボンの中はますます硬くなってきます。こんな場所にペニスを突っ込んだらどうなるんだろうと想像すると、それだけで発射してしまいそうでした。

「そのまま指を出したり入れたりして……そうそう、んっ、ああっ……すごくじょうずよ。孝明くんって見かけによらずテクニシャンなのね」

ぼくが指示どおりに指を動かしていると、恵子さんのあそこはますます濡れてきました。ぬるぬるとした穴から洩れてきた液が、お尻を伝ってシーツにも垂れています。

女性の体にさわるのも初めてのぼくが、テクニシャンなわけがありません。ただ夢中になって指を奥まで入れ、かき回しているだけです。きっと恵子さんのような熟れた体には、これぐらい乱暴なほうが快感なのでしょう。

やがて恵子さんは「イクッ」と小さく声を出し、体をぶるっとふるわせました。同時に、おしっこのような液がピュッと洩れてきました。ＡＶのように勢いのある潮吹きではありませんが、ぼくの手はびしょ濡れです。

「あんっ……もう終わりなの？」

もう満足だろうと思って挿入していた指を引き抜くと、恵子さんはまだ物足りないようでした。

「じゃあ今度は、お返しに私がとっても気持ちのいいマッサージをしてあげる」

そう言って恵子さんは、濡れた股間もそのままに体を起こしました。ぼくをベッドに寝かせると、ズボンを脱がせようと手をかけてきたのです。

「えっ、ちょっと……そこまでするとヤバいんじゃないの」

「ふふっ、いまさら何言ってるの。ほんとうは期待してたくせに」

恵子さんの言うとおりでした。口ではためらっているふりをして、心の中では早くズボンを脱がせてほしいと願っていました。

ただ、心に引っかかっているのは、ぼくと恵子さんが親子関係ということだけです。いくら血のつながりがなくても、ぼくにとっては母親です。そう簡単には割り切れるものではありませんでした。

しかし恵子さんには、そうしたためらいは見られません。ぼくのことは息子ではなく、年の離れた一人の男としか見ていないようでした。

「あら、すごい！　こんなに大きくなって……」

パンツも脱がせて中から飛び出したペニスを見て、恵子さんはうれしそうに顔を近づけてきました。

オナニーにしか使ったことがないペニスだけど、硬さだけは自信があります。亀頭は皮が半分かぶっていて、恵子さんは一目でぼくが童貞だと見抜いたようでした。

「ふふっ。こんなかわいらしいおち〇ちん、女を知ってるわけないわよね。まだピンク色でおいしそう」

言い終わらないうちに、恵子さんの唇がペニスをパクッと咥えました。

「あ、うわっ……！」

根元近くまで呑み込まれたぼくは、急に襲ってきた快感に声をあげました。フェラチオをしてもらう心の準備もできていなかったのです。

表面がやわらかくてよく動く舌。唇はペニスを締めつけながらゆっくり前後に動いています。どれも初めてが経験する感触でした。

しかも温かくて気持ちがいいだけでなく、恵子さんの片手は睾丸をリズミカルにもみしだいています。もう片手は、お尻の穴へ伸びていました。あちこちを同時にいじり回され、ぼくの頭はパニックになりかけていました。

「待って、気持ちよすぎるよ、それ。ああっ、そんなに強く吸わないで」

ぼくがそう訴えても、恵子さんの唇はそう簡単に離れそうにありません。逆に困っているぼくを追い込むように、さらに顔を上下に激しく動かしました。

これがティッシュの中なら遠慮はいりません。いつもオナニーをしているときのように吐き出すだけです。でもいまぼくがいるのは、恵子さんの口の中。このまま発射してしまえば、精液を飲ませてしまうことになります。

そうしたい気持ちも、もちろんあります。初めてのフェラチオで口内発射までさせてもらえるなんて夢のようです。

だけどもし勝手に出して怒られでもしたら……と、ギリギリまで迷っていましたが、射精が近づくとそんなことを考えている余裕はありませんでした。

急に快感が高まり、それから発射まであっという間でした。

「あっ、出るっ」

ぼくがそう言ったときには、すでに口の中に精液が飛び出していました。

そのときに味わった快感は、まちがいなくそれまでで最高のものでした。オナニーの何倍も気持ちよく、ぼくは寝そべったまま口を開けて天井を見上げていました。

ぼくが発射を終えるまで、恵子さんは舌先で亀頭の裏側をこすりつづけていました。口を離そうとはせず、最後の一滴が出るまで待っています。

「あ……も、もう出ないよ」

教えてあげるとようやく恵子さんが顔を持ち上げ、ぼくを見上げました。唇を濡らしたまま、小さくのどを鳴らしています。それから舌でぺろりと唇を舐め、ふふっ、と笑みをこぼしました。

「どう？　私の口を使ったマッサージは。なかなかのものだったでしょ？」

「飲んじゃったの？」

ぼくの問いかけに、あたりまえのように「そうよ」と返事をしました。発射していいか迷う必要は、まったくなかったようです。

「それじゃあ、次にすることはわかってるでしょ？」

恵子さんの言葉で、ぼくの気持ちは一気に高まりました。

横たわっているぼくの腰の上に、恵子さんの体が跨ってきます。言われなくてもこれから何をするのか、迫ってくる濡れた股間を見ていればわかります。

ここまでくれば、ぼくにもためらいはありません。母親だろうが父の再婚相手だろうが、もうどうでもいい気持ちでした。

恵子さんはペニスを握り、自分の中へ迎え入れようとしています。

ずりゅっ、と亀頭が割れ目の奥へ入っていきました。

「くぅっ……！」

さっき咥えてもらった口の中とは、まるで違う感触でした。指を中に入れてみたときに確かめた、あのねっとりとした締めつけが、ペニスを包み込んだのです。もしフェラチオで一度発射していなければ危なかったかもしれません。奥にはまっただけであっけなく出してしまいそうな、それぐらいの気持ちよさでした。

「これが孝明くんの童貞おち○ちんなのね……そんな顔をされたら私まで気持ちよくなっちゃうわ」

ぼくの快感は恵子さんにまで伝染してしまったようです。腰を深く沈めたまま、クイクイと小さくお尻を揺らしてうっとりした表情を見せています。

「ふふっ、この年になって二十歳そこその男の子とセックスできるなんて、思ってもいなかったわ。あの人もさすがに年だし、あまり抱いてくれないんだもの」

父との性生活まで暴露して、欲求不満だということをぼくに伝えてきました。

つまり最初から恵子さんはぼくを狙っていたわけで、親切でマッサージをしてあげたぼくはまんまと罠にはまってしまったというわけです。しょっちゅう胸の谷間を見せていたのも、誘惑の一つだったのでしょう。

もっとも、いまさらそんなことはどうでもいいことです。ぼくと恵子さんはとっくに一線を越えてしまったあとなのです。

「ああっ、息子の童貞おち○ちんに突かれてる！　おま○この奥までいっぱい……いいっ、もっと深くまでハメて。初めてのおち○ちんで好きなだけかき回してっ」

よほど童貞を奪ったことに興奮しているのか、恵子さんは何度もスケベな言葉を口にしました。実際はぼくがペニスで中をかき回しているのではなく、上に乗って腰を動かしている恵子さんが自分でそうしていたのですが。

その激しい腰づかいにコントロールされているぼくは、ただじっとしているだけではなく、下からおっぱいを持ち上げていました。騎乗位だと、ぶるんぶるんと大きく揺れて、迫力ある眺めがすぐ目の前にぶら下がっていました。

「恵子さん、もう、あんまり動かれると……」

「私のこと恵子さんじゃなくて、お母さんって呼んでみて」

つながったままそう頼まれ、ぼくは初めて「お母さん」と口にしました。

すると恵子さんはますます興奮し、ペニスを強く締めつけてきました。息子とセックスをしているいまの状況に、よほど燃え上がっているようです。

「んっ、いいっ……お母さんの中にいっぱい出して！　欲しい、濃い精液をいっぱい欲しいの」

ぼくが限界に近づいたとき、恵子さんの口から思いがけない言葉が飛び出しました。

いくら気持ちよくても、中出しだけはしちゃいけないと思っていました。四十五歳でも妊娠するかもしれないし、相手が母親ならなおさらです。

「いいんですか？　ほんとうに出ちゃいますよ」

恵子さんはぼくの声が聞こえないかのように腰を振りつづけています。ペースが落ちるどころか、大きなお尻がさらに小刻みに動いています。

何度もこすられてきたペニスが、悲鳴をあげていました。もうダメだ、というときにさらに穴の全体が締まり、強烈な快感が襲ってきました。頭が真っ白になりそうでした。

「くぅっ！」

ぼくが下から腰を突き上げると、恵子さんの体内で発射がはじまりました。ほとんど無意識に、ぼくの手は恵子さんの腰を強く抱き寄せていました。ペニスが抜けないよう、できるだけ奥まで埋め込んでおきたかったのです。

童貞を失って満足しただけでなく、中出しがこんなに気持ちいいものだということを、ぼくは体で実感しました。

それからというもの、恵子さんはマッサージを口実に、頻繁にぼくを求めてくるようになりました。

四十五歳なのに性欲が衰《おとろ》えないどころか、時間さえあればいやらしいことをしたがるのです。ときには父が家にいるのに、こっそり胸を見せてぼくを誘惑してきます。

ぼくもセックスのよさを知ってしまったので、恵子さんの誘いは断れません。

体は最高だし、いつでも抱かせてくれるし、セックスだけなら最高の相手です。

ただ母親でもあるので、どこか割り切れない気持ちもぼくの中に残りつづけています。

ともかく恵子さんとの関係は、父にばれないように気をつけていくつもりです。

偶然目撃した勃起ペニスに惹かれ……甥のオナニー射精を手伝う優しい熟叔母

蜂須佳奈美　農業・四十二歳

私は農家の嫁です。子どもはいません。そのせいで義理の両親の期待はすべて、甥っ子の祐作《ゆうさく》君に向けられています。

祐作君は夫の妹の子どもで、現在は農業大学に通っている十八歳の男の子です。母親は農業がいやで会社員の男性と結婚して家を出たのですが、なぜか息子の祐作君は農業が好きらしく、大学を出たら本格的に農業をやりたいんだそうです。だから祐作君は数年前から、毎年長期休みのたびに我が家に泊まり込んで、農作業を手伝ってくれているんです。

うちには跡取りがいませんから、義理の両親はなんとかして祐作君に畑を継いでもらおうと考えていて、もちろん私もそのことに対して異存はありません。

というのも祐作君はとてもよくできた子どもで、小学生のころから私のことを「佳奈美《かなみ》さん」と名前で呼んでくれていたんです。

続柄的には伯母になるわけですし、年齢も二十歳以上離れているので「オバサン」と呼ばれて当然なのですが、そんな呼び方をするのは女性に対して失礼だと考えているようなのです。

そんなフェミニストの祐作君が、私は昔から大好きだったのです。

初めのうちはただかわいいだけだったのですが、年々大人っぽくなってくる祐作君に、年がいもなく最近では恋愛感情に近いものを抱くようになっていました。

そして、今年の春休みに、私は一線を越えてしまったのでした。

農作業をしているとけっこう汗をかくので、畑から帰ってくると夕飯の前に順番にお風呂に入ることになっているんです。

それで祐作君に「先にお風呂入っちゃって」と言ってしばらくしてから、もう彼は入浴をすませたものだと思って私もお風呂に入ろうとしたんです。

脱衣所には服が山積みになっていましたが、義父や夫がいつもそうやって脱ぎ捨てておくので特に気にすることもなく、あとで洗濯機を二回は回さなきゃいけないわねとか考えながら服を脱ぎ、浴室のドアを開けたんです。

その瞬間、私は驚きのあまり、自分の裸を隠すことも思いつかないまま硬直してしまいました。というのも、もうすでにお風呂から上がったものだと思っていた祐作君が浴室の中にいたからです。もちろん裸です。しかも、いままさに湯船から出ようと立ち上がったところだったので、股間もまる見えです。

黒々と茂った陰毛の間から、オチ〇チンがだらんと頭を垂らしていました。

私が驚いたのと同じように、祐作君も私の裸を見て驚き、固まってしまっていました。

だけど、動きを止めた体のなかで、オチ〇チンだけが、ピクン、ピクン……とかすかに震えるように動きながら大きくなっていき、すぐにまっすぐ上を向いてそそり立ってしまったんです。

「あっ、ごめんなさい。祐作君はもう出たものだと思ってたから」

不意に我に返った私はあわてて扉を閉め、さっき脱いだ服を大急ぎでまた着て自分の部屋に戻りましたが、ずっと心臓がドキドキと激しく鼓動を刻みつづけていました。

そのあと家族全員で夕飯を食べたとき、私と祐作君の間にはずっと気まずい空気が流れていました。祐作君も意識しているのでしょう、私とはいっさい目を合わせないのです。でも、チラチラと私の胸元に視線を向けてきました。

その夜は、必死に眠ろうとして目を閉じて寝返りを繰り返すものの、逞しくそそり立つオチ〇チンがまぶたの裏に浮かび上がってきて体がほてり、とても眠れそうにありません。

妻がこんなに悶々としているというのに、夫は隣の布団でいびきをかいて眠っています。夫相手に性欲を満たすことができれば、私はおとなしく眠ることができたでしょうが、夫にはもう何年も指もふれられていません。

次第に私は、女としての欲情を抑えきれなくなってきていました。

祐作君はどうかしら？ 私の裸を見たことなんて忘れて、もうぐっすりと眠っているのかしら？ そんなことを考えると、確認しないではいられない気分になってきました。

私は夫を起こさないように気をつけて寝室から出て、裏口のドアを開けて庭のほうを見ました。

農家なので土地だけは広くて、母屋《おもや》から少し離れたところに六畳一間の離れがあるんです。

その離れは祐作君のお母さんが中学生のときに、高校受験の勉強用にと建てられたものなんですが、祐作君はうちに泊まるときにはいつもそこで寝起きすることになっていたんです。

窓からは明かりが洩れていました。どうやら、まだ起きているようです。

今日のことをちゃんと謝っておいたほうがいいかもしれない。私はそう思って離れに近づいていきました。だけどそれは口実で、本当の思いはもっと違うところにあったんです。

近くまで来ると、部屋の中から変な声が聞こえました。なにごとかと思ってドアに耳をつけました。すると、苦しげな吐息が聞こえ、そこにときどき私の名前が混じるんです。

「ううう……佳奈美さん……はぁぁ……うううぅ……」

それにかすかに震動まで伝わってきます。そうです。祐作君はオナニーをしていたんです。

きっとお風呂場で見た私の体を思い出しながらオナニーをしているんだと思った私は、思わずドアを開けて部屋に飛び込んでしまいました。

「祐作君！　ダメよ、そんなことしちゃ！」

「か、佳奈美さん……」

ベッドの上に座り、右手でオチ〇チンを握り締めたまま、祐作君は私を呆然《ぼうぜん》と見つめました。そして、すぐに状況を理解して、あわてて掛け布団で股間を隠しました。

「ごめんなさい。ぼく……佳奈美さんをそんな目で見てたわけじゃないんだけど……」

うなだれてそう弁解するんです。どうやら私をオナニーのオカズにしていたことを怒られていると思ったようでした。

「違うの。そうじゃないの」

私はサンダルを脱いで部屋に入りながら説明しました。

「一人でするなんてもったいないって思ったの」

「え？　それって、どういう意味ですか？」

そう尋ねる祐作君の顔には期待感がにじみ出ていました。

「お風呂場で私の裸を見て祐作君が興奮したなら、私だって祐作君の裸を見て興奮したって思わない？」

「……じゃあ？」

「そうよ。私が女の体を教えてあげるわ」

まだ幼さの残る顔立ちの祐作君は、きっとまだ童貞のはずです。そんな彼にセックスの気持ちよさを教えてあげたいと思ったんです。

私はベッドにのぼり、掛け布団をめくりました。

「はあぁぁ……すごいわ……」

思わず溜め息がこぼれてしまいました。祐作君のオチ〇チンはお腹に張りつくぐらい力強くそり返り、裏筋が伸びきり、真っ赤に充血しているんです。

私はそっと手を伸ばして、それを握り締めました。だけど、指が回りきらないぐらい太いんです。中性的なかわいい顔立ちからは想像もできない牡の部分を目の当たりにし、私の口の中に唾液が一気に溢れ出てきました。

「あぁ……すごく大きいのね。はあぁぁん」

両手で包み込むようにしてつかんで、上下にしごきました。

「あううっ……佳奈美さん……それ……すごく気持ちいいです……ううう……」

体をくねらせながら気持ちよさそうに言うその様子がかわいくてたまりません。

「もっと気持ちよくしてあげるわ」

今度は前屈みになり、オチ○チンの裏筋に舌を這わせました。根元のほうからゆっくりと先端のほうに舐め進んでいくと、亀頭のところまで来た瞬間、ビクン！　と脈動しました。

「はあぁぁ、なんて元気なの！」

その若くて逞しいものをもっと味わいたくて、私は亀頭をパクッと口に咥えました。

「はあううっ……か……佳奈美さん……んんん……」

祐作君の声を頭上に聞きながら、私は首を前後に動かしはじめました。

亀頭はパンパンにふくらんでいて、咥えると苦しくてたまらないのですが、その苦しさがまた私を興奮させるんです。

だから、よだれをいっぱい溢れさせながら舐めつづけていると、祐作君が苦しげな声で言いました。

「佳奈美さん、今度はぼくが……うう……ぼくが佳奈美さんを気持ちよくしてあげる」

童貞の祐作君はフェラチオの気持ちよさに耐えられず、このままだとすぐに射精してしまいそうでそんなことを言ったんだと思いました。それに女の体に興味があるからだと私は思ったんです。

「いいわよ。がんばって気持ちよくしてね」

私は自分からパジャマを脱ぎました。ブラジャーはつけていませんでしたから、パンティ一枚の姿で、オッパイは剝き出しです。

「ああぁ、すごくきれいな胸だね」

乳房の柔らかさを確かめるように祐作君は乳房を両手でもみしだき、おもむろに顔を近づけてきました。そして、パクッと乳首を口に咥えると、舌で転がすように舐めはじめたんです。

「あんっ……ああ、すごくじょうずよ。あああ、気持ちいいわぁ……」

「じゃあ、こっちは?」

祐作君の手がパンティの中に入ってきました。

「あっ……ダメ……はあっ……」

そこはもうヌルヌルだったんです。そのことを祐作君に知られて、恥ずかしさに全身が熱くなりました。

「すごいね、佳奈美さん。こんなに濡らしちゃって。どうなってるのか、よく見せて」

祐作君は私のパンティに手をかけました。

「あぁぁん……いや……やめてぇ……」

そう言葉では拒否しながらも、私はあおむけになってお尻を上げて、祐作君に協力していました。

そして、パンティを両脚の先から引き抜くと、祐作君は私の膝に手を添えて、そのままグイッと押しつけてきました。

「あああん……ダメぇ……いや、見ないで、恥ずかしいぃ……」

私は両手で自分の顔を隠すだけで、アソコは剝き出しのままです。祐作君が見たいなら見せてあげたいし、見られることで私は興奮しちゃうのです。

「佳奈美さんのここ、すごくきれいだ。ぼくね、子どものころから佳奈美さんのことが好きだったんだ。性の目覚めも佳奈美さんだったんだよ。初めてオナニーをしたのはこの家に泊めてもらったときで、お風呂場でまだ洗ってない佳奈美さんの下着を見ながらだったんだ」

「えっ、嘘⁉　そんなことを……？」

「ごめんね。だから、そのころからずっと、佳奈美さんのここを見たいと思ってたんだ。その夢がようやくかなったよ！　ああ、最高だよ」

そう言うと祐作君は私のアソコに顔を埋め、ペロペロと割れ目の奥を舐め回しはじめたんです。

「ああ、いい……はあぁ……気持ちいい……はあぁぁん……」

私はあられもない声を出して喘ぎつづけました。

離れと母屋とはけっこう距離があるので、窓を閉めてあれば、少しぐらい大きな声を出しても聞こえないはずです。

私の反応に気をよくしてもっと感じさせてやろうと思ったようで、祐作君の舌は今度はすでに勃起しているクリトリスを舐めはじめたんです。しかも、その舐め方がすごくじょうずなんです。

「ああ、ダメ……あああ、そ……それ気持ちよすぎるわ」

私はシーツをつかんで体をのたうたせました。

「佳奈美さんは感度もいいんだね。じゃあ、こういうのはどうかな？」

そう言ってからまたクリトリスを口に含むと、舌先で転がすように舐めながら膣の中に指をねじ込んできました。

そして、入り口付近の感じる部分をちょうどいい強さでこすりはじめたんです。

「あっはあぁぁあんん……だ……ダメ……そ、そこは……あああん、そこは気持ちよすぎちゃう……はああっ……」

早くも絶頂の予感が込み上げてきました。それと同時に、もっと違うものもアソコの奥から込み上げてくるんです。

「あっ、ダメ。なんか……なんか出そう……いやっ……もうやめて！」

とっさに私は懇願しましたが、祐作君はやめようとしません。それどころかクリトリスを舐め回す舌の動きを速め、膣壁をこする指の勢いをさらに強くするんです。

「ダメ！　ダメ、ダメ、ダメ……はあああん、で……出ちゃうぅぅぅ！」

頭の中に閃光《せんこう》が走り、体がビクンとケイレンしました。それと同時にアソコがじわっと温かくなりました。

「す……すごいよ！　佳奈美さんのアソコが潮を吹いちゃった」

その声を聞いた私は、絶頂に上り詰めたばかりで自由が利かない体で必死に首を起こして祐作君のほうを見ました。

すると、祐作君の顔はびちょびちょに濡れているんです。私のアソコから吹き出した液体をもろに受けたようでした。

だけど祐作君はうれしそうに笑っているんです。

「ぼく、女性に潮を吹かせるのが好きなんだ。だって、女性的にはすごく恥ずかしいことでしょ？　そんな恥ずかしいことをしちゃうぐらい感じてたんだなって思うと、うれしくてさ」

「えっ？　祐作君は童貞じゃないの？」

「違うよ～。こう見えても、けっこう経験豊富なんだよ。それに、こっちにも自信があるし」

祐作君は体を起こして、おへその下あたりに先端が食い込んじゃいそうなほどそり返ったオチ○チンを私に見せつけました。しかも、力を加えているのか、オチ○チンがビクンビクンとすごくいやらしい動きをしてるんです。

「あぁ……なんてエッチなの。はぁぁ……」

「佳奈美さん、ぼくのペニスを見て興奮してるんだね。アソコの穴がヒクヒク動いて催促してるよ。じゃあ、今度はこれで楽しませてあげるからね」

「はぁぁ……ちょうだい。祐作君のその逞しいモノが欲しいわ。はぁぁ……」

私は股を大きく開いたまま、祐作君に向かって両手を伸ばしました。

「佳奈美さん、好きだよ。ずっとあこがれていた女性とエッチできるなんてたまらないよ」

祐作君は私におおい被さって亀頭で割れ目を数回こすり上げると、グチュグチュにとろけた膣口にゆっくりとねじ込んできました。

「あぁぁ……入ってくるぅ……あああああん……奥まで……奥まで入ってくるわぁ」

「ううっ……佳奈美さんのここ……すごく気持ちいいよ。うう……狭くて、温かくて、それにグニグニ動いてる。ああぁ……最高に気持ちいいよ」

根元までしっかりと挿入してしまうと、祐作君は私にキスをしました。

女性にモテるというのは本当らしく、そのキスもすごくじょうずです。私の口に舌をねじ込み、唾液をピチャピチャと鳴らしながら口の中を舐め回すんです。それと同時に、根元までオチ〇チンを挿入したまま、円を描くように腰を動かしはじめました。

祐作君のオチ〇チンはすごく大きいので、膣の奥のほうまで届くんです。その部分を亀頭でグリグリと刺激されると、さっきクンニでイッたばかりの私は、また絶頂の予感を覚えていました。

「ああっ、ダメ……はぁあ……そ……そんなことされたのは初めてよ。あああ、すごすぎる……あああっ……いや……やめてぇ……はあぁぁ……」

「やめないよ。ほら、佳奈美さん、またイッちゃっていいよ。今度は佳奈美さんがイクときの顔をすぐ近くから見ててあげるから」

そう言いながら、円を描く動きをさらに速めていきます。

目を開けると、すぐ近くに祐作君の顔があるんです。恥ずかしいけど、大好きな祐作君に見られながらイクという状況に、私は猛烈に興奮していました。

「あっ、ダメ！　ほんとうにイッちゃう。はああっ……また……またイッちゃう。あぁぅン！」

また頭の中が真っ白になり、全身が硬直しました。それはもちろんアソコの穴もです。オチ〇チンをきつく締めつけられて、祐作君は気持ちよさそうにうめきました。

「あううっ……佳奈美さんのアソコ、すごく締まるんだね。うう……ぼくもイキそうになっちゃったよ」

「まだダメよ。もっといっぱい気持ちよくしてほしいの」

「わかってるよ。一回射精してもまたすぐに硬くなるから安心して。だから、ぼくも一回出させてよ」

そう言うと祐作君は、さっきまでの円を描くような動きから、抜き差しする動きに変えたんです。しかも、私の体がお布団の上をずり上がっていくほど激しくです。

「だ、ダメよ、それ。はああっ……激しすぎるぅ……ああっ……はあっ……ふんんっ……またイッちゃう……あああっ……はあぁぁっ……だ、ダメ……はああっ……」

なにを言っても聞いてくれそうにありません。それはきっと私がよろこんでいることを祐作君はわかっているからです。みっともなく何度もイッてしまうことが恥ずかしいだけで、本当はこの強烈な快感を私は求めていたんです。

「いいよ。我慢しないでイッちゃって。また潮を吹いてもいいし、失神しちゃってもいいよ。それは……ううっ……ぼくとのセックスで佳奈美さんが気持ちよくなってくれてる証拠だもん。大歓迎だからさ。ううう……」

激しく腰を振りながら、祐作君は乳首に食らいつきました。感じる場所を二つ同時に責められると、すでに限界まで高まっていた私はあっさりとイッてしまいました。

「ああっ、だ、ダメぇ〜！　はっうんんん！」

そのとき、きっと膣がまたきつく締まったのでしょう。祐作君はオチ〇チンを抜き差ししながら苦しげに言いました。

「ぼくも……うぅっ……ぼくもイクよ。はうぅっ……」

「中に……中にちょうだい！」

意識朦朧とした状態で私はそんなおねだりをしていました。それは祐作君にとってても甘美な申し出だったようです。

「い、いいの？　ほんとうにいいんだね？　はあっ……んんん……もう……もうイクよ。はうぅっ……おおおう！」

力いっぱいオチ〇チンを挿入すると、祐作君はそのまま腰の動きを止めました。と同時にオチ〇チンがアソコの中でぶわっと膨張し、ドピュン、ドピュンと熱い体液をほとばしらせたんです。

その熱さを膣奥に感じながら、私は祐作君にしがみつきました。そして、膣に力を込めて、オチ〇チンの中の精液を全部絞り出してあげたんです。

祐作君が実は女性経験が豊富だったということはショックでしたが、そのぶん、セックスがじょうずでうれしい誤算でもありました。

その夜、若い祐作君は明け方まで私の体をむさぼりつづけました。最高の夜だと祐作君はよろこんでくれていましたが、私にとってても忘れられない夜になりました。

大学を卒業したら、うちに住んで農業をやると祐作君は約束してくれました。

そしたら彼とずっといっしょにいられるわけで、それが待ち遠しくてたまらないんです。

第三章

背徳の獣欲を貪り本能を解き放つ牡と牝

受験勉強に励む息子を心配する三十路母
突然の告白に女の性が目覚めてしまい

門田雅美　主婦・三十八歳

大学生の息子と私には、お墓まで持っていかなければならない秘密があります。それは、息子の歳の離れた弟は、私と息子の子どもだということです。私と息子が恥ずかしい関係になったのは、息子が高校二年のときでした。

「しっかりしなさい！　何を勉強してたの？」

中間試験でひどい点数をとった息子を、私は厳しく叱りつけました。そんな点数は初めてだったので、つい大声をあげてしまったのです。

「共通一次試験まであと一年ちょっとよ。あっという間なのよ！」

勉強机に向かいながら、息子は恨めしそうにチラチラと私を見つめていました。うつむき加減なので、視線は自然に私の脚を向いています。

丈の短いノースリーブのボディコンシャスを着ていた私は、落ち着かない気分になりました。いきつけの美容院で体形をほめられ、年がいもなく若い子たちのブランドものに手を出したのですが、脚の露出が大きく、室内着にしていたものです。

「じつは……気になる女の子がいて、勉強に集中できないんだ」

息子はうつむきながら、絞り出すような声で言いました。

「まあ！　いまはそんなことに気をとられてる時期じゃないでしょう」

テレビでは毎週のように安易な恋愛ドラマを放送しています。トレンディドラマとかいうそうですが、うちではそんなものはいっさい息子に見せていません。くだらないし、何より勉強の邪魔になるからです。

「相手は誰なの？　クラスの女の子？　塾の子かしら？」

あせりと怒りを抑えつつ、私は懸命に優しい声を出しました。

息子はうつむいたまま、ゆるゆると首を横に振りました。

じゃあテレビの歌手か誰かなの、と私は思い、内心で首をかしげました。息子は学校と塾と家を往復するだけで、ほかに女性と知り合う機会はないはずです。

また、ふだんから息子の部屋のすみずみをチェックしていましたが、最近ではそんな浮かれた芸能雑誌などを見かけたことはありません。

あるいは隠し方がじょうずになっただけで、どこかにひそませているのでしょうか？　以前息子の部屋で、女性の淫らな裸の写真が載った雑誌を見つけたことがあり、主人も交えて、そのいちばん猥褻《わいせつ》なページを広げて息子を叱りつけたことがあったのです。

息子はおずおずと顔を上げました。

「……言っても怒らない？」

そんな息子の物言いに、つい本当の微笑が出ました。息子のそんな表情を見るのは久しぶりだったのです。

「それは……ママなんだ」

息子がのどを鳴らすゴクリという音がはっきりと聞こえました。

頭が真っ白になる、というのは、そういうときをいうのでしょうか。まったく予想しない答えに、私の思考はストップしてしまい、続いて、常識にそむく考えへの怒りと困惑、そして小さくはない羞恥が芽生えていました。

そして息子が口にした言葉を思い出し、本物の含み笑いが浮かびました。

「悪ふざけはよしなさい。好きな『女の子』って言ったじゃないの」

「ママだって、昔は女の子だったじゃないか」

息子はムキになって言いました。とても冗談を言っている顔ではありません。

「……これ、見て」

息子は自分の財布を手にとり、何かをとり出しました。

「これは……？」

「いつも、持ち歩いてるんだ」

それはシワシワになった一枚の古い白黒写真でした。写っているのは中学生のころの私です。修学旅行のときのもので、学生服を着て、友だちと京都の清水寺を背景に撮ったものです。しかし背景と友だちは切り取られ、髪をおさげにした私だけが、証明写真ぐらいのサイズに収まっていました。

聞くと、息子は家の倉庫をあさり、古いアルバムから見つけたと白状しました。

「そのときのママって、いまのぼくよりも少し年下なんだよね……すごくかわいいね」

たしかに、自分で言うのもなんですが、そこには愛らしい少女がさわやかな笑みを浮かべた姿が写っています。

「この女の子から、ぼくが出てきたんだよね」

ちょっとなまなましい表現に、私は背筋が少し寒くなりました。

「ママ、いまもそんなに変わってないよ。怒ると怖いけど……」

怒る気はすっかり失せてしまいました。あきれてものが言えない、というのもありましたが、何年も感じたことのない、甘ずっぱい感情が芽生えた自分自身に困惑したというのが本当のところでした。

「困ったわね。でもいっしょに住んでるのよ？　毎日デートしてるようなもんじゃやない」

なだめるような口調で言いました。私としては、常識の範囲内で精いっぱいの譲歩をしたつもりでしたが、息子は不満顔のままでした。

「でも、ママはパパのものだし……」

「あらあら、ヤキモチなの？　うふふ、安心して。パパはもちろん大事だけど、親にとっていちばん大切なのは、やっぱり子どもなんだから！」

私は息子の肩にふれ、やさしくなでました。

「ママはいつでもあなたのことをいちばんに思ってるわ。だから安心して」

そう言っても、やはり息子の顔は晴れません。

相変わらず盗み見るように、私の顔と脚をチラチラと見ています。

「そうじゃない……そうじゃないんだ……」

「あら、何がそうじゃないの？　ママはあなたのことを――」

「言ったじゃないか。ママを、女の子として好きだって……」

息子の肩をなでる手が止まりました。

ここに至ってようやく、私は息子が陥っているジレンマの正体に気づいたのです。

息子は私を、異性として好きだと言ったのです。いえ、女の子として……。

「それは……うれしいんだけど、ちょっと困ったわね。うれしいんだけど……」

もうどうしてフォローしていいかわからず、私はあいまいに笑うだけでした。

「じゃあ、ママ、これを見ても本当に怒らない？」

私が怒りだす様子がないので、息子はさらに別の秘密を告白するつもりになったようでした。

「ええ。もう何を見ても怒らないわ」

くたびれたような苦笑をうまく浮かべられたかどうか、自信がありませんでした。

勉強机の椅子に浅く腰かけていた息子は、私の見ている前で、なんとズボンのチャックをおろしはじめたのです。

「えっ、それ、私の……」

私は口に手を当て、開かれた息子のチャックの奥を凝視しました。

コットンの白いブリーフが見えるはずなのに、濃いピンクのナイロン生地が見えるのです。息子がベルトとボタンもはずして広げると、赤い花がデザインされ、正面に赤いリボンがついた女性用のパンティが現れたのです。

服の下に身に着けていたのは、母親である私のパンティでした。

「なっ、何をしてるの、あなたっ！　そんな変態みたいなこと……」

変態。自分が口にした言葉に身も凍るような思いでした。

「あなた、そんな趣味があるの？　まさかよそのお宅の洗濯物から……」

「そんなことしないよ」

息子はムッとしたように私の顔を見て言いました。

「でも、好きになったのがほかの女の子だったら……」

「それでもそんなことしない。そんな捕まるようなことしないよ」

息子のほうが苦笑いを浮かべていました。私のあわてぶりがそんなにおかしかったのでしょうか。

ともあれ、近隣で下着泥棒などをしていないことにとりあえず安心し、私は一呼吸つきました。大学受験前に補導歴などがついてはたいへんです。

「でも、家族だからって、こんなことはしちゃいけないわ。道徳の問題よ。ママ、いますごく怒ってるし、恥ずかしいんだから」

息子はやっと申しわけなさそうに顔をうつむかせ、小さな声で「ごめんなさい」と言いました。

「こんなことするの、ママだけだよ。こうしてると、ママとずっといっしょにいられるような気がするんだ」

息子は椅子に座ったまま、腰をもぞもぞと動かしました。異性としての母親に何を求めているのか、頭ではわかりましたが、心が拒《こば》みました。

「……いつからそんなことしてるの?」

「二カ月ぐらい前から……」

私は目を泳がせました。心当たりがあったのです。ちょうどそのころから、そんなにはき古したわけでもないのに、よくパンティがゆるむと思っていたのです。

まさか息子が着用していたとは……。

「もしかして学校にもはいていってるの?」

「うん。体育のある日は、ママのパンティの上から、自分のブリーフをはいて、バレないようにしてるんだ」

「けっこうな完全犯罪じゃない……」

苦笑を浮かべようとしましたが、泣き笑いのような顔になっただけでした。

「ママ、パンティを九枚持ってるよね? お願いがあるんだ。こんど買うときはLサイズばかりにしてよ。Mサイズだと、ぼくのお尻に少し小さいんだ。ほんとはブラジャーもしたいんだけど、ぼくの手じゃ、後ろのホックに手が届かないんだ。それに学校で上着を脱いだら、カッターシャツにラインが透けちゃうと思って」

息子はやけくそなのか開き直りなのか、そんなことを早口で言いました。あまつさえ注文までつけるありさまです。

私は気をとり直し、本来の目的を思い出すと、軽く咳払《せきばら》いして言いました。

「とにかく、これ以上成績が下がってはダメよ。次の試験ではしっかり挽回《ばんかい》すること！　いいわね？」

息子は虚を突かれたように、頼りない返事で「うん……」と言いました。

「でも、これで問題ははっきりしたわね。原因はママなのよね」

息子は私の話の持っていき先がわからず、不安そうな目で私を見つめました。

しかし私自身、自分が次に何を言うのか、まったく考えていませんでした。

「ねえ、たとえばよ、ママがあなたの言う『女の子』として、何か気がすむことをしてあげれば、満足して勉強に打ち込めるっていうの？」

「……たとえばって？」

息子はパッと顔を輝かせました。

「そうねぇ……ちょっとだけママの胸にさわったら、すっきりするとか？」

「うん！」

現金なことに、息子は椅子ごと身を乗り出してきました。そして立っている私を、上から下まで舐めるように無遠慮に眺めました。

「ママってほんとにスタイルいいよね。いつもドキドキしてるんだ」

いつからそんな目で私を見ていたのか、ちょっと怖くなりました。

「……ほんとに、さわってもいいの？」

上目づかいで聞いてくる息子に、私は仕方なさそうにうなずきます。

「あああ、ママのおっぱい……！」

最初に驚いたのは、息子の手のひらの大きさでした。

「ママ、すごく柔らかいよ。ああ……夢みたい」

息子はゆっくりと私の乳房をもんできました。最初はゆっくり遠慮しながらだったのが、次第に大胆に、力を込めてきました。

「んん……そんなに力を入れちゃ、痛いわ」

「あ、ごめん」

それからは息子は、実に心地よい力加減でもむようになりました。

ブラジャーとワンピース越しなので、私が性的な歓喜をもよおすことはありません。もとより、それは絶対にあってはならないことです。顔にも、息子の学業のために仕方なく、という表情を私は無理につくっていました。

現実には、時間にして数分だったでしょうか。私は気怠《けだる》そうな声を意識して、

「もういい？　気がすんだかしら」

「ママ、顔が赤いよ」

「約束よ。これで勉強に打ち込めるわね」

息子は明らかに不服そうです。

「じゃあ、一度だけ、キスしてみる？　それで吹っ切れるかしら？」

「うん！」

キスだけなら海外では親子でもしている。そんな言いわけを自分にしました。

息子は幼児のように、丸めた口を突き出してきました。座っている息子に、私が屈み込むかたちで顔を近づけ、唇を重ねました。

数秒間、唇を重ねて、それから離せば終わりのはずでした。

なのに、私はついやってしまったのです。主人との夜の営みの癖で、息子の口

を舌で割り、舌先で息子の舌をもてあそんだのです。

「んむん……ママ……ん……」

息子の驚きが舌からも伝わってきました。二匹の軟体動物が絡むようなディープキスですが、息子が劣勢なのがおもしろいようにわかります。

ゆっくりと重ねた唇を離すと、息子は熱に当たったようにぼーっとしてました。

「今度こそ約束よ。しっかり勉強すること！」

私はキビキビと言うと、息子はあいまいにうなずきました。

「パパには言わないで……」

部屋を出る前、息子は実に情けない声でそう言いました。

「当然よ。パパになんて言えないわ。こんな恥ずかしいこと！」

三十分後、私がお茶菓子を持って息子の部屋に行くと、生イカに似たにおいでいっぱいの部屋の中で、息子は一心不乱に勉強に打ち込んでいました。

息子の成績はすぐに元の水準に戻り、以前以上になっていました。

同時に、私に対する性的な要求も次第に過激になってきました。しかし息子を牽制しながらも、私は息子の成績向上のために身を尽くすつもりになっていました。

　ある日、息子が勉強の前に私の胸をもんでいるとき、こう言いました。

「ママ、お尻さわりたい」

「……いいわよ」

　私は後ろを向きました。息子の手のひらの感触が、スカート越しにお尻から伝わってきます。これも母親のつとめ、そう思って私は痴漢にあっているようなゾクゾクした触感に耐えていました。

「ママ、お尻が硬い。力を抜いて」

　生意気な物言いですが、思わず微笑がこぼれました。結婚して間もないころ、主人にベッドの中でよく言われた言葉だったのです。

「あああ、ママのお尻ぃ……」

　緊張感の欠けた甘えるような声が、私のお尻のすぐ後ろから聞こえてきました。しゃがみ込んだ息子が、私のお尻に顔を当て、スリスリとこすっていたのです。

「いい？　スカートの中に手を入れちゃダメよ」

「わかった。そのかわり……ママ、この椅子に手をついて、もう少し前屈みになって」

息子の勉強机の椅子に両手をつきました。お尻を突き出す格好です。

腰を息子の両手につかまれると、ずんっ、とお尻が何かに押されました。

「あん、なにするの」

見ると後ろから息子が腰を私のお尻に押し当てていました。

「ママ……セックスって、こうやるんだよね？」

幸い、息子もズボンをきちんとはいたままです。少し安心して、

「……そうよ。そのままズンズンって……あなたのモノを押しつけるの」

「こう？　これで、ぼくのチ〇ポが、ママのオマ〇コの中に出たり入ったりするんだよね？」

「ええ、そうよ……」

ぼくのチ〇ポにママのオマ〇コ。なんと恐ろしい言い方をするのでしょう。

息子は私の腰を両手でつかんだまま、テンポよくお尻を突いてきました。憎たらしいぐらいリズミカルなニセセックスでした。

そのうち、息子はズボン越しの自分の腰を私のお尻に強く当て、ぐいぐいと上

下にこすってきました。

「あああ、ママ、このまま、出そう……！」

一瞬で意図を理解した私は、息子に早口でこう言いました。

「ズボンをおろしなさい。汚れちゃうわ。あとパンツも！」

息子は一秒ほどたじろいだ様子でしたが、次の瞬間には、私の背後からカチャカチャとベルトをゆるめる音が聞こえてきました。

「ママ、直接こすってるけど、いいの……？」

頼りなく許可を求めるような口調でしたが、息子はすでに剝き出しのペニスを私のスカートに強く当て、こすりつけていました。

「いっ、いいわ。あなたの成績のためだもの！」

息子のこすり方が激しくなりました。摩擦で私のスカートも熱くなっています。

息子の呼吸で、射精が近いことを察した私は、屈んだ姿勢のまま後ろ手で自分のスカートをめくり上げました。和式トイレの要領です。

「ママッ？」

「こうしないと、ママのスカートも汚れちゃうもの」

当然、息子の目には私のパンティがまる見えになっています。

「ああっ、ママッ、出るっ！」

息子は私のパンティ越しのお尻の割れ目に、ペニスの先を当てながら射精しました。一部は私の背中にも飛んだようで、べちょっと重たい感触が背中に走りました。

「さあ、今日はやりすぎちゃったわね。そのぶん、しっかり勉強するのよ」

私はスカートをさっとおろしてドライに言い放ち、ズボンとパンツを下げたままの息子に背を向けて部屋を出ました。

台所に行くと、湿っぽいスカートの奥に手を入れました。放たれた精液がパンティにしみて重くなっています。手のひらをパンティの上からお尻に当てると、息子の精液がべっとりとつきました。つかの間、私は息子のお茶の用意も忘れて、行儀の悪い子どものように、指についた精液を舐めていました……。

テストの合計点が何点以上だったら、試験の順位が何位以上だったら、偏差値がいくつ以上だったら。私が掲げた楽ではない目標を、息子は難なく超えていきました。そのたび、息子の異常な要求をのまなければなりませんでした。

息子の成績は、私が望んでいた以上のものになりました。

私は息子の要求に一線を引いていました。私が服を脱ぐことと、親子での結合がそれです。息子は不満そうなものの、私とのその約束は忠実に守りました。

いまやどの先生方も太鼓判を押すようになった自慢の息子のそんな姿が、私はいじらしく思えました。

そして大学受験の前日。忘れもしないその日が来ました。

もう勉強はすべてやり終えたとばかり、息子はむしろ家でのんびりしていました。

お昼を二人ですませると、私はお風呂に入りました。バスタオルだけを巻き、息子の部屋に行くと、こう声をかけました。

「あなたもお風呂に入りなさい。ママはあなたの部屋で待ってるわ」

息子は何かを察したようで、黙って浴室に向かいました。

息子のベッドに腰かけて待っていると、ほどなく息子が出てきました。

「……いままでよくがんばったわね。明日はいよいよ、その成果を見せる日ね」

私が両手を広げると、巻いていたバスタオルがはらりと落ちました。

「ああ、ママッ！」

飛び込んでくる息子に押し倒されるかたちで、私はベッドに倒れ込みました。

「ママ、セックス、してくれるの？」

「そうよ。これはママなりの願かけなの。あなたが合格するように……」

「ママ、脚を広げて。ママのオマ〇コ、見たい」

息子は強引に私の太ももを割り広げました。

「ああ、恥ずかしい……」

「ママ、ここ、舐めてもいいよね？」

息子は信じられないぐらいていねいに私の恥部を舐めてくれました。主人にもそんなに時間をかけてしてもらったことはありませんでした。

「ママ、チ〇ポ、入れてもいいの……？」

翌日が受験日とは思えないほど、おびえた表情でした。私は小さくうなずきます。

侵入してくる息子の男根は想像以上に太くて力強く、「女の子」としての私を充分に満足させるものでした。

「ふんんっ……ああ、来てるわ！」

男根の埋没感が背筋を這い伝うと、近親相姦の激しい罪悪感とともに、なにか不思議な気持ちに満たされました。息子が出てきたところへ、息子の男根だけが戻ってきているのです。

「あああ、これが、ママのオマ〇コ⁉ ぼくが産まれてきたところ……！」

息子が乳房を吸いはじめたとき、懐かしささえ覚えたぐらいでした。

息子は数回ピストン運動しただけであっけなく果ててしまいました。でも、息子も私も大満足でした。私の、母としての願かけは終了したのです。

そして、合格した大学の入学式。和装した私と息子が、文京区の赤門を緊張の面持ちでくぐるとき、私は息子に告白しました。

「じつはね、ママ、赤ちゃんが出来たらしいの。あなたの子よ」

息子は驚いて一瞬歩みを止めましたが、すぐに満面にとまどいと笑みを浮かべました。

「ぼくとママの赤ちゃん？ うれしいけど……産んでくれるの？」

「もちろん産むつもりよ。でもね、お父さんは自分の子だと信じてるから、あなたも調子を合わせてね。歳の離れた弟になるのよ」

大学生となった息子と、妊婦となった私。二重に新しくなる生活に、私たちは胸がふくらみました。

現在、息子は大学二回生で、我が家の「次男」は一歳です。息子のかわいがりようはた目に見ても微笑ましいものでした。

それからも、私と息子の関係は、主人の目を盗んで続いています。

最近、息子から「第二子が欲しい」とねだられています。困ったことに、最近主人とはご無沙汰なので、既成事実をつくるために、久しぶりに主人ともセックスしなければなりません。

それに嫉妬《しっと》しているらしい息子が、私は愛おしくて仕方がないのです。

田舎町で再会した憧れのアラフォー叔母
童貞を捧げたあの日の記憶が甦り……

加藤幹夫　大学生・二十歳

夏はバイトで忙しくて実家に帰省しなかったので、年末は大学の講義が終わったらすぐ帰ってくるように言われた。

その理由もわかってる。買い出しだの大掃除だの、要するに労働力として期待されているのだ。俺の実家は三重県と和歌山県に近い田舎町。最近合併して市になったとはいえ、周辺部はまだまだ農家が多い、はっきり言って田舎町だ。

バスの本数は少ないし、車がないと買い物ひとつ行けやしない。うちで免許を持ってるのは父親と俺と姉だけだけど、姉夫婦は仕事の関係で海外にいて、年末だからっておいそれと日本に帰ってこれない。

親父は親父で、年末には町内会の寄り合いでしょっちゅう出かけるから、実質的に俺がいちばんこき使われることになる。

「幹夫《みきお》、西田《にしだ》さんとこに注文してたのし餅、はようとりにいかんと」

「え〜っ、さっきの買い出しのときになんで言わんの……二度手間やんか」

「それから表の肥料袋、納屋にしまっといてや。お母ちゃん台所におるから」

うちはいちおう本家筋に当たるので、年末から正月にかけて親戚が集まる機会が多い。まあ、本家筋といったってただの農家、田舎の中地主レベルだから、親戚のオッサンが集まって酒盛りをするだけなんだけど。

そんなふうにばたばたと働かされ、ようやく一段落ついたときだった。

「ごめんください」の声とともに玄関に顔を出したのは、なつかしい顔。親父の妹で俺の叔母に当たる喜久子《きくこ》叔母さんだった。

「あら喜久子さん、いらっしゃい。いまお茶いれるわ」

「いえ、申しわけないんやけど、幹夫ちゃん帰ってきてるって聞いたもんやから、ちょっと買い出し手伝うてくれへんやろか思うて」

「ああ、そうかいな。かまへんで、こんなんやったらなんぼでも使うてくれて。ほらあんた、はよ車出しぃな」

俺はさっさと母親に売り飛ばされ、叔母さんの買い出しの運転手兼荷物運び役となった。親父の軽自動車の助手席に叔母さんを乗せ、さっそく出発する。

「で、どこ行くん？　〇〇シティか、それとも田原《たわら》の酒屋？」

「……ホームセンターで融雪剤の追加が欲しいんやけど、帰りでいいわ。国道に出て、ちょっとドライブせえへん」

俺は叔母さんに言われるままに国道に出て、隣町に続く道を流していく。ははあ、と俺はすぐに彼女の意図に気づいた。このまま進んだ先に、ある施設のことを思い出したのだ。

「幹ちゃんももう大学生やし、どのくらい成長したんか確認しておこうかなぁ思て」

そう言ってほほ笑む叔母さんは、アラフォーとは思えないほど若々しい。子どもも産んでないので、若いころと変わらずスタイルもくずれてないけど、心なしふっくらしたぶん、ぞくりとくるような色気があった。

「ほら、見えてきたわ」

彼女が指し示した看板のほうに車を向ける。駐車場に車を止めて降りると、彼女は自然に腕を絡めてきた。

「ふふ、このラブホも久しぶりやわ」

俺は少し緊張しつつ、部屋のキーを受け取った。そういえば、叔母さんに童貞を捧げたのも、どこかのラブホテルだった。あのときは俺はまだ高校生だったから、ハンドルを握ってたのは叔母さんだったけど。

当時、叔母さんはいまよりずっと痩せてて……というか、やつれていた。

叔母さん夫婦は子どもが欲しくて不妊治療を続けていたんだけど、結局出来なくて諦めたのが四年ほど前の話だった。叔母さんはひどく落ち込んでいて、俺の母親もずいぶん心配して、一人にしておけないとよく家に呼んでいた。

「幹ちゃん、ちょっとつきおうてくれへん？」

と、高校生の俺をドライブに誘って向かったのがラブホテルだった。

まさか実の叔母と、しかもラブホに入るのも初体験だった俺は、とにかく面食らって、あれよあれよというちに叔母さんに童貞を食われてしまったというわけだ。

何度か関係を持つうちに、俺も「これはまずいだろ」とは思ったけど、そこはやりたい盛りの高校生だ。誘われるたびに叔母さんと肉体関係を続け、大学生になったいまでも、帰省のたびにこうして誘われるのだ。

「さ、時間ないし、はよ始めよか」

部屋に入るなり、叔母さんは俺の首に腕を回してキスしてきた。俺も叔母さんの体を抱き寄せ、舌を差し込む。

ぬるっ、にゅるっと熱い唾液を流し込むような濃厚なキスをしていると、たちまちズボンの中で俺のものが硬くなっていく。それを確かめるように叔母さんが腰をすり寄せ、押しつけてくるので、俺は彼女の尻に手を伸ばし、わしわしとボリュームのある熟女の尻をもんでやった。

「幹ちゃんも男らしなったなぁ。初めてのときはがっちがちに緊張してたのにな」

「いまでもここは、がちがちやで」

手をとってズボンの前をさわらせると、叔母さんはにんまりとエッチな笑みを浮かべてジッパーを下げ、イチモツをとり出した。ひんやりとした手のひらに包まれ、それはみりみりと勃起する。

「やっぱり若い子のおち〇ちんは元気やね」

まだ部屋に入って五分とたっていないのに、叔母さんは俺の足元にしゃがみ込んだかと思うと、ペニスをぱくりと咥え込んだ。

じゅぷっ、ずじゅるるっといやらしい音を立てて、熱い舌が絡みついてくる。

久しぶりのフェラチオに、俺はうめいた。俺にはいちおう彼女と呼んでいいような女友だちがいて、肉体関係だってある。

けど、彼女はフェラがあまり好きじゃなくて、めったにしてくれない。けど叔母さんは大のち〇ぽ好きで、いまだって洗ってもない俺のものをおいしそうにしゃぶってくれるのだ。

「んっ、じゅるるっ。あぁ、幹ちゃんのち〇ちんは味が濃くておいしいわ」

「朝からずっと働かされ通しで、汗くさいで」

「それがええんよ。若さの味とにおいやわ……んっ、ちゅむぅう」

頭を激しく振り立てる叔母さんのドスケベっぷりに、俺も興奮してくる。

叔母さんの後頭部に手を当てて逃げられないようにすると、自分から腰を突き出して、イラマチオで熟女ののどを犯してやる。

こんなこと彼女にやったら、一カ月は口をきいてくれないだろう。

「んぐ、ぐぷ……っ」

苦しそうな声をあげつつ、叔母さんはち○ぽを根元まで呑み込み、懸命に舌を絡めてくる。そのドスケベ奉仕に俺はますます激しく腰を振り立て、叔母さんの口の中を突きまくってやった。

「おぉおっ、やべえ、もう出そうだ……だ、出すよ、喜久子叔母さんッ」

帰省前、彼女とのデートでエッチして以来抜いてなかったので、俺は叔母さんの濃厚フェラにあっけなく音《ね》をあげた。

どくんどくんと精液を叔母さんののど奥に吐き出すと、叔母さんはのどを鳴らしてそれを飲み込んだ。頬をすぼめてち○ぽの中に残った精液もすべて吸い出し、れろりと上目づかいに舌舐めずりをする叔母さんのスケベ顔に、イチモツはみるみる力をとり戻していく。

「ふふ、元気元気」

うれしそうに言いながら叔母さんは洗面所に向かい、口をゆすぐ。そして戻ってくるなり服をするする脱ぎはじめるので、俺もそれを手伝ってやる。なにしろいまはまだ買い出しの途中なので時間がないのだ。

「あら、幹ちゃんは脱がへんの？」

「俺はち○ぽ出してるだけでいいだろ……それに、叔母さんはこういうのが好きなんやろ？　ちゃんとわかってるんやで」

俺は叔母さんを全裸に剝いてやると、どんとベッドに突き飛ばしてやる。叔母さんは「きゃっ」と小さく叫んで倒れ込んだ。

「やだ、乱暴しないで」

俺はその言葉を無視して、ベルトをゆるめてトランクスごとズボンを膝まで下げる。そして叔母さんの両足首をつかんで持ち上げる。Ｖの字に開脚させられた股間に顔を押しつけ、ま○こをべろべろと舐め回す。

「あっ、いきなりそんなっ」

「もう濡れぬれやで。お○こ汁がどんどん溢れてきてるわ」

小さくしこったクリトリスをちゅうちゅう吸いながら指を二本膣にねじ込んで、ぐちゅぐちゅとかき回す。手首のスナップを利かせると、たっぷり分泌された愛液がしぶきとなってシーツにしみを残す。

「あぁっ、恥ずかしいわぁ……」

「これからもっと恥ずかしい目にあうんや……ほら、股の力抜きや……っ」

「んあぁああっ」

前戯もろくにしないまま、俺は勃起したち〇ぽをずぶりと根元までぶち込んでやる。

さすがにまだほぐれていないので、きゅうきゅう締めつけてくるま〇こ肉を力まかせにこじ開けると、叔母さんは「ひいっ」と叫んで首をのけぞらせる。

「あああかん、こんなんおっきすぎるぅ、壊れてまうぅ」

髪を振り乱して悶える叔母さんにのしかかり、ぐいぐいと膣奥を突いてやる。

こうして見ると、叔母さんの体はアラフォーとは思えないほど引き締まっていて、たるんだところがない。

たぶん田舎暮らしでよく体を動かしているのと、出産経験がないからだろうと俺は思った。長らく不妊治療で苦しんだのは気の毒だけど、そのおかげで俺は童貞を卒業できたんだし、叔母さんもこのプロポーションを保っているんだから、悪いことばかりじゃないと思う。

それに、叔母さんには、ただ体がエロいという以上に、俺を興奮させる性癖がある。

「あぁ、もうあかん、お願いよ、もっと優しくして」

だが俺は彼女の両足を肩に乗せ、ものすごい勢いで腰を叩きつける。ベッドがきしむほど激しいピストンに、彼女は体をよじらせ泣き叫ぶ。

「あひぃっ、やめてぇ、乱暴にせんといてぇ！」

優しくして、乱暴にしないで、というのは、彼女の本心の裏返し。叔母さんはわざと乱暴に、荒っぽく犯されるのが大好きなのだ。

それがわかっているので、俺はち〇ぽを叩きつけながら、指が食い込むほど力まかせに乳房をもみつぶす。

「お願いよぉ、堪忍《かんにん》してぇ～」

「うるさいッ！　本当は生ち〇ぽでずこずこされてうれしいんやろっ。お〇こぐちょぐちょやないかっ」

「あぁごめんなさい、ごめんなさい～っ」

両足を肩に乗せたまま膝立ちすると、彼女の腰が浮き上がる。ち〇ぽで吊り下げられた格好の股間目がけ、さらに強烈なピストンを喰らわせると、彼女はベッドの上で逆えびぞり状態になってあひあひと悶えよがる。

「ひぃん、ひぃ、イク、も、もうイッちゃうぅぅ」

「なに先にイこうとしてるん？　まだやで」

ずぼりとち〇ぽを引き抜くと、俺は彼女の体を回転させ、四つん這いで尻を高く上げさせた。ぴしゃりと尻を平手で叩き、バックでち〇ぽをねじ入れる。

「あはぁっ、おち〇ちんがごりごりって……ひぃいっ」

「どうや、メス犬みたいな格好でち〇ぽ咥え込んで！　このまま種つけしたるわ！」

バックからガンガン腰を打ちつけると、むっちりとした熟女の尻が波打つ。

俺は彼女の背中におおいかぶさる格好で、両手に乳房をつかんで滅茶苦茶にもみまくってやる。

「やめてえ、乱暴に……犯さないでぇ……っ」

口ではそう言いつつ、膣の奥からはとろりとした蜜があとからあとから溢れて止まらない。叔母さん自身、自分が無理やり犯されているというシチュエーションを楽しんでいる証拠だ。

俺は彼女の肩をれろれろいやらしくねぶりながら、まるで自分がレイプ魔になったように興奮しながら、指先に乳首をつまみ上げる。

「ほれ、乳首がこんなにコリコリになって、無理やり犯されて感じてるんやろう？　このドスケベな人妻がぁ」

「あぁ、言わんといてぇ……」

耳にふっと熱い息を吹きかけてやるだけで、膣がきゅっきゅとち○ぽを締めつけ、亀頭が熱い蜜に包まれる。

比較するのも申しわけないけど、俺の彼女はこんなに濡れないし、言葉責めなんかしたらてれてすぐに行為をやめてしまう。こんなふうに互いの欲望をストレートにぶつけられるのは、叔母さんとのセックスだけだ。

「どうや？　犯されてよがって、自分の旦那に悪いと思わんのか？」

「ごめんなさい、ごめんなさい」

実は俺が服を脱がなかったのも、こうなるだろうという予感がしていたからだ。

叔母さんだけを脱がせ、自分は下だけ半脱ぎで叔母さんを犯すことで、ほんとうに叔母さんを強姦しているような気分が楽しめるのだ。叔母さんもそういう気分になって興奮しているのだ。

「旦那を裏切って、犯されてよがるようなドスケベ女にはおしおきや！　きっちり子宮の奥まで注ぎ込んでやるわ」

「いやや、それだけは堪忍してください、お願いしますぅ」

叔母さんも気分が乗ってきたのか、シーツに顔を埋めてすすり泣くような声を洩らす。俺はすっかり強姦魔の気分で、ぐいっと叔母さんの腰を抱き寄せた。ずぶぶっと挿入が深まって、ち〇ぽの先ががつんと硬い壁にぶつかった。

「ひっ、そ、そこダメぇ、子宮突いちゃだめぇえ〜」

「そうか、子宮か。子宮の入り口にち〇ぽを押しつけて、精液を流し込んでやる！」

「いやぁあ、やめてお願い！　赤ちゃんできてまうぅっ！」

身をよじって逃れようとする叔母さんの頭を押さえつけ、俺は滅茶苦茶に腰を振り立てた。じゅぷっ、じゅぷっという濡れた音が響き、膣肉がち〇ぽをすごい力で締めつけてくる。

「ふあっ、深いぃい、深いの来てる～っ！」

俺の猛烈なピストン攻撃に、叔母さんはもうレイプ演技をする余裕もないのか、ふつうによがりはじめる。俺も叔母さんのとろとろキツキツま○この気持ちよさに腰が止められない。

「くそっ、気持ちよすぎ……だ、出すぞぉおっ！」

「いやぁああっ、イクイクイグゥゥゥ～～っ！」

ずぶぶっと根元までねじ込んだところで俺は腰を止めた。もう少しピストンを楽しみたかったけど、膣が痛いほどち○ぽを締めつけてきた。たぶん、俺より少しだけ早く、叔母さんのほうがイッたんだと思う。

「うっ、出る……！」

そして強烈な射精感と快感が襲ってきて、俺はどくどくと叔母さんの子宮目がけて二度目の精液をぶちまけてやったのだった。

射精が収まるまで、俺は叔母さんにち○ぽをねじ込んだままの格好でいた。俺も叔母さんも息が荒くて、特に服を着たままの俺は冬だっていうのに、ひたいに汗をびっしょりかいていた。

それにしても、叔母さんとのセックスも久しぶりだったけど、今日のは特に興奮した。まるでほんとうに叔母さんを犯しているような興奮を覚えた。生ハメ、中出しされてイッてしまった叔母さんもぐったりして、そうとう気持ちよかったんだと思う。

顔を伏せて肩で息をしている叔母さんは、ほんとうにレイプされた直後の人妻って感じがしてドキドキした。

「はぁ……はぁ……幹ちゃん、また大きくなってきとらん?」

「う、うん、実は……もう一回、ええかな?」

ぐったりとした叔母さんを見ていると、射精直後で萎えていた俺のち〇ぽは、また大きくなりかけていた。

「このあと買い物あるのに、しょうのない幹ちゃんやなぁ。ええよ」

叔母さんはゆっくりと身を起こし、乱れた髪をかき上げる。

その仕草はいかにも人妻、熟女って感じの色っぽさで、俺は首の後ろがぞくりとしびれるのを感じた。

「あら、もうこんなになってるやないの。やっぱり若いなあ」

叔母さんは俺にズボンと下着を脱ぐように言って、膝立ちの格好をさせた。そして四つん這いで近寄ってきて、ち〇ぽをペロペロしゃぶりはじめたのだ。

「んん……幹ちゃんの精液と私の愛液の混じった、エッチな味やわ」

いわゆるお掃除フェラってヤツをされたのは初めてなので、俺のち〇ぽはみるみる元の大きさをとり戻していく。

今度は全身で叔母さんの体を味わいたいので、俺はシャツを脱いで全裸になった。そしてベッドにあおむけになり、叔母さんを手招きした。叔母さんが俺の腰を跨ぐと、股間からさっき俺の注ぎ込んだ精液がぽたぽたと滴り落ちる。

「あん、もったいないわぁ」

そう言って指ですくい取ると、それをヴァギナにぬちゃぬちゃと塗りたくる。

熟女のヴァギナは紅色で、それが精液や愛液にまみれてぬらぬらと妖しくぬめっている。その光景は、なんともいやらしくて、俺のち〇ぽは今度こそギンギンに復活。

「幹ちゃん、彼女おる言うてたのに、悪いねえ。幹ちゃんのち〇ちんと精液、横取りしてるみたいで」

「俺も帰省中は彼女に会われへんし、家やとオナニーもできへんからな。それに、喜久子叔母さんとセックスするの、きらいやないから」

うれしいわぁ、と顔をほころばせながら器用に腰をくねらせ、彼女は騎上位でち〇ぽを呑み込んでいく。

正常位ともバックとも微妙に違う角度なので、膣の感触も心地いい。特にち〇ぽの裏筋がざらざらした膣肉でこすられると、ぞわぞわするほど気持ちいいのだ。子どもこそ出来なかったけれど、叔母さんのま〇こはかなりの名器だと思う。

「んっ……全部、入ったぁ……っ」

「今度は叔母さんが俺をレイプする番や。叔母さんの好きなように動いて」

俺の言葉に、淫乱熟女は発情した猫みたいな目でにんまりと微笑んで、舌舐めずりをした。時間がないと言いつつ、甥っ子との濃厚セックスをとことんまで堪《たん》能《のう》する気満々なのだ。

「幹ちゃん、さっきは私がいやや言うてんのに乱暴にしてくれたから、今度はお返しやなぁ……ひいひい言わせたるよ」

さっきは俺に犯されてすすり泣いていたとは思えない、妖艶《ようえん》な笑みで俺を見おろしながら、彼女は腰をくねらせる。

膣肉はじんわりとち〇ぽを締め上げながら裏筋をこすり立て、ずるる……と茎の半分ほどが引き出されるあたりまで腰を持ち上げる。

「んん……子宮も感じるけど、お〇このこの辺もごっつ気持ちええねん……Gスポットって言うんやで」

「くっ、カリのところが締めつけられる……ッ」

まるで舞踊をしているようなゆっくりとした動きなのに、そこに膣の収縮が加わって、たまらない感触だ。

浅く、深く、挿入を切り替えながら腰で円を描き、さまざまな動きをとり入れて俺をじらし、責め立てる。ただガンガンとピストンを叩きつける、単調なセックスとはまるで違う。

「うあぁっ、お、叔母さん、それ気持ちよすぎ……！」

「ほぉら、幹ちゃんもさぼってたらあかんで、おっぱいもかわいがってくれな」

そう言って俺の手を乳房に当てさせるので、俺はち〇ぽの快感から少しでも気をそらそうと、白く丸い二つの肉球をもみしだく。

下から持ち上げるようにもみ、乳輪を指でなぞり、指先につまんだ乳首をコリコリとこね回す。乳房を責めるのと連動して、膣肉が俺を締めつけ、いっそう新鮮な快感が込み上げてくる。

「あはぁん、やっぱり幹ちゃんのち○ちんは最高よ。叔母さんの中に、いっぱい精液ちょうだいなぁ」

ちらりと時計を見ると、ラブホに入ってからもうじき一時間だ。まだ休息時間内だけど、あまり遅くなっても買い出しの時間がなくなる。

俺と喜久子叔母さんの仲を疑ってる人間はいないと思うけど、万が一にもバレてはいけない。俺は彼女の腰に手をあてがうと、膝を軽く曲げて下腹部を真上に突き上げた。ずぶぶ、と挿入が一気に深まる。

「あら、もう我慢でけへんのん？　あかんよ、もう少しじっくり幹ちゃんのち○ちん味わわせてえな」

「だって、叔母さんこんなにエロいんだもん、しょうがないよ」

俺はぐっと腹筋に力を込めて、上半身を起こした。

騎上位からの対面座位で彼女と向かい合い、乳房をもみながらキスをする。

れろれろ、ねちょねちょと舌を絡め合い、互いの背中に腕を回してしっかり抱き合うと、叔母さんの心臓の鼓動が伝わってくるようだ。

唇から首筋に舌を這わせ、腰を抱き寄せるようにそのまま乳首を口に含んで舌で転がす。こりこりと乳首に軽く歯を当てて噛んでやると、膣がきゅっきゅとケイレンするようにち〇ぽを締めつけてくる。

「あかん……それ、めっちゃええ……私、またイッてまう……っ」

叔母さんは声をふるわせてわななくが、実際のところ俺もまったく余裕がない。膣肉がうねうねと妖しくうねって、裏筋と言わずカリと言わず、絶妙な刺激で俺を責め立てるのだ。一瞬でも油断したら、あっという間に射精してしまう。

「幹ちゃん、もうっ、イカせてぇ、イク、イクゥ！」

「喜久子叔母さん……っ」

俺たちは再び強く抱き合い、互いに欲望のままに腰をくねらせ、突き上げ、ぬちゅぬちゅと互いの股間を交わらせた。

きゅううっと膣がすごい力で締めつけてくる。俺は限界を感じ、最後の一突きとばかりに彼女の尻をつかんで、思いきりち〇ぽに叩きつけた。先端が子宮を強く突き上げ、腕の中で叔母さんの体が大きくのけぞった。

「イッッ……クウゥ……」

どくんっ、どくっ、どくっ……俺は彼女の首筋に顔を埋めた格好で、びくびくと腰をふるわせ、また叔母さんの中にたっぷりと精液を吐き出したのだった。

そのあと、俺たちは大あわてでシャワーを浴び、ホームセンターで買い物をしてから家に戻った。帰るとちょうど親戚のおっさんたちが集まりかけているところで、さっそく俺は酒や料理を運ばされる羽目《はめ》になった。

午後七時くらいからは恒例の宴会が始まり、俺も親戚連中に酌《しゃく》をされ、慣れない日本酒をさんざん飲まされた。ふらつく頭で廊下に出ると、うちのお袋と談笑している喜久子叔母さんが見えた。

ここにいる誰一人、あのお腹の中に俺の精子がたっぷり詰まってるなんて知りやしない。そう思うと急にむらむらして、年明け、下宿に戻るまでに三回、叔母さんとホテルに行ってやりまくってしまったのだった。

むちむち巨尻義母との淫交を妄想し……灼熱の牡太幹から濃厚精汁を大量発射！

河合幸彦　会社員・三十九歳

四十歳目前の会社員です。三年前に一回り年下の女性と結婚して、うらやましがられています。職場結婚だったのですが、まだ二十代半ばの美人ＯＬを射止めて、ぼくもひそかに自慢でした。

ただ、ちょっと後ろめたい気持ちもありました。というのも、ぼくは若いころから熟女好きだったからです。

そんなぼくがその人と結婚したのには、ある下心がありました。義母がすごく好みのタイプだったのです。

この人と親子になれるのなら——。

正直言って、それも結婚の大きな理由の一つでした。

といっても、もちろん最初は、ただの義母としか見ていませんでした。

でもそのうち、もともとの自分のマニアックな感情が昂ってきて、自分の願望が抑えられなくなってきたのです。

妻は今風のアイドル系なのですが、それに引き換え、今年五十歳になる義母は、上品で清潔感溢れる和風美人です。まだ子どもっぽいところのある妻と違って、大人の女性である義母には包容力があります。しっとりした落ち着きがあり、いっしょにいると、なんだか安心するのです。

義母は近くで義父と二人で暮らしているのですが、正月に和服姿を見ました。思わず息を呑むほど魅力的でした。あんなに和服が似合う女性には初めてお目にかかりました。

ただ美しいというだけでなく、しなやかな体のわりには胸やお尻が大きくて、後ろから和服姿の義母を見ると、お尻がムッチリしているのがよくわかりました。

それ以来、人柄だけでなく、その肉体にも強く惹かれるようになりました。

おかげで、妻とセックスしていても義母の姿がチラチラ浮かんでくるほどになりました。自分でもはっきりわかったのですが、妻よりも義母のほうが、ぼくにとっては「そそられる女性」だったのです。

義母のことを思うと、もうどうにもたまらない気持ちでした。どうにかならないだろうかと思いながら、妻の前では、一人のよき夫を演じていました。

しかし、よき夫でいることは、妻のためというよりも、義母を安心させるため、義母に気に入られるためでした。

そして一カ月ほど前のこと、そんなぼくの欲望が、ついに満たされるときがきました。それをだれかに話したくて、いまこれを書いてます。

義母と急接近したのは、義父の入院がきっかけでした。

専業主婦の義母は、ほぼ毎日のように病院へ行き、義父の世話をするようになったのですが、近所に住んでいることもあって、土日などはぼくが車で義母を病院に送ることになったのです。

まさかそんなことになると思ってなかったので、車内で義母と二人きりになるたびにドキドキし、下半身が充血するのがわかりました。

この人が奥さんならいいなあ。妻と呼べたら幸せだなあ……ひそかにそんなことを思いながら、隣に乗っている義母の横顔や体に見とれたりしました。

そして、チャンスは向こうからやってきました。病院からの帰り道に、義母が意外なことを言い出したのです。

「最近ずっと病院との行ったり来たりだから、ちょっと息抜きしたくなっちゃった。少しだけドライブでもしない？」

もちろん義母にはへんな気持ちはなかったと思います。でもぼくのほうは、やましい気持ちがわいてきました。というのも、じつは妻と最初にキスしたのは、初めてのドライブデートのときだったのです。それを思い出して、もしかしたら……なんて思いが、ふとよぎったのです。

「お義母《かあ》さんも、家のことやったり、お義父《とう》さんの看病があったり、たいへんですね」

「まあ、年齢が年齢だけに仕方ないものね。でも、倒れたのがあの人でよかった。もし私が倒れたら、あの人、一人じゃ何もできないからね」

「優しいんですね。いい夫婦だなあ」

「何言ってるの、あなたたちもうまくいってるんでしょ？　あの子はとても幸せそうで、私も安心してるのよ」

そんな会話をしながら、ちょっと方向転換して、山のほうへ向かいました。気候のいいときならハイキングの人でにぎわうところですが、少し肌寒い季節だったので、頂上近くのパーキングは車がとまっていませんでした。

そこに車を停めて、ぼくたちはおしゃべりをしたのです。でも、おしゃべりだけですむはずがありません。ぼくとしては、もう完全にドライブデートのつもりでした。

「ぼくはお義父さんがうらやましいです。こんなステキな奥さんに看病してもらえて幸せですよね。ぼくたちのお手本だと思ってます」

「まあ、お世辞でもうれしいわ。これでも若いころは、あの人の女遊びに苦労させられたのよ。でも年をとったら、やっぱり私が面倒みなきゃね」

ちょっとさびしげな顔を浮かべてる義母に、ぼくはたまらなく欲情してました。

「あの……へんなこと言いますけど、まだ結婚する前に、もしもお義母さんとあいつと目の前にいたら、ぼくは迷わずお義母さんを選びますよ」

「え？　なによそれ、本気で言ってるの？」

最初は冗談だと思って笑っていた義母ですが、ぼくが真剣な顔をしているのに気づくと、少しせつなそうな表情を浮かべました。

「そんなことをまじめな顔して言わないで。私だって、若いあなたを見ながら、へんな気持ちにならないように必死に我慢してるんだから」

「え？　ほんとに？」

意外な告白にぼくは身を乗り出しました。

「だって、主人とはもう何年もご無沙汰なんだもの。目の前に若い男性がいたら、どうしても、ね……五十路の女って、アッチのほうの願望は、まだ強いのよ」

義母の口からそんな話題が出るなんて思ってもみなかったので、ぼくはすっかり舞い上がってしまいました。

「ぼくのこと、男として見てくれますか？」

「え？　……そりゃあ、まあ……」

てれるように目を伏せた義母に、ぼくは思わずキスしていました。当然拒絶されると思っていたのですが、義母は全然いやがりもせず、されるがままでした。

「ダメじゃない、こんなことしたら。いけない子ね」

そう言いながらも、義母の唇はうっすら開いて、もっとしてほしいと言ってるようでした。もう一度キスをして舌を入れると、義母の熱い舌が絡みついてきて、吐息が洩れました。気がつくと、お互いに夢中で舌を舐め合っていました。

義母はいやがってない。それどころか興奮してる。

そう思ったら、もうぼくは止まらなくなっていました。キスしながら、服の上から豊満な胸をもんでみました。妻よりも大きくて重量感のある乳房です。そのまま乳首のあたりを刺激すると、義母は「あああああ……」と甘い声を洩らしました。

「だめ。これ以上はだめよ。あの子を裏切ることになるもの」

「黙ってればわかりませんよ。ここまできたら、もう我慢できないです」

そう言いながら指を動かすと、義母はますます身をよじりました。

感じてるんだ、そう思うと、すっかりうれしくなって、義母のブラウスの前のボタンをはずし、きれいなレースのブラをずらしました。車の中で、白くて大きな乳房が二つまる出しになりました。

「やだ、こんなところで恥ずかしい。人に見られたらどうするの」

必死で両手で隠そうとするしぐさがかわいいと思いました。でも、乳首がポッテリと大きくなってるのが見えました。

「大丈夫です、ここには誰もいませんから。それより、もう乳首がとがってますよ」

「言わないで。久しぶりにいじられたから」

いきなりその乳首にむしゃぶりついて、じっくり味わいました。妻の小さな乳首よりも何倍も大きくて敏感です。義母は、全身をビクンビクンふるわせて感じはじめました。

「すごい敏感なんですね、まだ乳首だけなのに」

「言わないで。ずっとしてなかったから……」

柔らかい乳房をもみながら乳首を吸ったり噛んだりしていると、義母の息がだんだん激しくなってきました。

「いけない！　これ以上されたら、もうヘンになっちゃう。ね、我慢して」

「ぼくはもうヘンになってます。ほら、こんなですよ」

義母の手をとってズボンの前をさわらせました。ぼくのペニスは、もう痛いくらいに昂っていました。ズボンの上からでもそれがわかるようで、義母は、布地越しに勃起ペニスの形と硬さを確かめていました。

「ね、硬いでしょ？　お義母さんのおっぱいで、こんなにビンビンなんです」

「ああ、うれしい。私でこんなに興奮してくれてるの？」

「そうですよ」と言いながら、義母のスカートに手を入れました。パンストをはいてないので、指先が直接パンティのいちばん狭いところにふれました。もうジュッとしみ出るくらいに濡れていました。

「すごく濡れてる。お義母さんみたいにきれいな人でも、ここ、こんなにビショビショになるんですね。なんだか意外だなあ」

「嫌いになった？　軽蔑してるんでしょう？　娘の旦那さんにこんなことされてグッショリ濡らしてしまう、そんな母親なのよ」

その言い方がかわいくて、ぼくはパンティを脱がせました。

義母は腰を浮かせて協力してくれましたが、スカートをまくり上げて、そこを見ようとすると、自分の手でぼくの手を押さえ込みました。

「見るの？　こんな五十路のおばさんのアソコ、見たいの？」

「見たいです。お義母さんのすべてを見たいです、見せてください」

「ああ、いけない人」

そう言って義母は自分から足を広げました。

真っ白い肌に、和風美人にふさわしい遠慮がちの陰毛が少しだけ生えていました。そしてその陰に、きれいな割れ目がひっそりと隠れていました。ひっそりしてるけれど、そこがもう濡れて光ってるのがはっきりわかりました。

「すごい、きれいですね」

「うそ、そんなはずないでしょ」

「本当です。でも、もうすごく濡れてる。ビッショリですよ」

「意地悪言わないで。すごく濡れやすいの。なんにもしてないのに、下着に恥ずかしいシミができてることもあるの」

「じゃあ、こうしたら、もっと濡れるかな?」

ぼくはクリトリスを指先で刺激しました。

義母の体がビクンとはねました。同時に、そこから新しい液がジンワリと溢れてきました。ほんとうに濡れやすいみたいです。指先でそれをすくってクリトリスにぬりつけると、頭をのけぞらせ「あんあんあん……」と途切れがちの声をあげます。

ふだんの義母からは想像できない乱れっぷりに、ぼくはすっかり興奮してしまいました。指先を動かすと、義母の太ももがどんどん広がっていきます。あのおしとやかな義母が、車の助手席で足を大きくM字に広げて、喘ぎまくっている。信じられない眺めでした。

「ねえ、もうイキそうなの。指だけでイカされちゃう。恥ずかしい」

「イッていいですよ。お義母さんのイキっぷり見たいです」

「だめ、恥ずかしすぎる。ねえ、あなたも気持ちよくしてあげる」

義母はそう言うと、運転席のぼくの股間に顔を埋めました。そして、ファスナーをおろすと、ペニスを引っぱり出しました。

「すごいね、若い男の人のって、こんなに硬くて大きいんだね」

そしてペニスが熱いもので包まれました。義母が口に含んだのです。

チュバチュバと卑猥な音を立てながら、頭を上下に動かしている義母の姿は、なんだか見てはいけないものを見てる感じでした。

「しゃぶればしゃぶるほど、大きくなってくよ、あなたのおち○ちん」

「お義母さんがじょうずだからですよ。このままされたら、イッちゃいそうです」

「いいよ、私のお口に出す？　飲ませてくれる？」

え？　ぼくは驚きました。義母がこんなことを言うなんて信じられない。和風美人の義母の口に発射したい。そんな欲望が頭の中でグルグルしていました。でも、ぼくはなんとか思いとどまりました。

「それもいいけど、やっぱりお義母さんとひとつになりたいんです」

「ほんとに？」

義母は少し困った顔をしました。

「あの子を裏切ることになっちゃうよね。それはなんだか、つらいわ」

正直ぼくも、妻の顔が頭にちらついていました。それでも誘惑には勝てません。

「確かにそれはあるけど、今日だけ、一回だけにしますから。ぼく、お義母さんがほんとうに好きなんです」

しばらく押し問答してる間も、ぼくは指先でクリトリスを刺激したり、穴の入り口をいじったりしました。愛液がどんどん溢れていました。

結局、義母も我慢できなくなったようです。

「ほんとに今日だけだよ、約束してね」

そう言いながら、義母は運転席のぼくに跨ってきました。

乳房まる出しで下半身も剝き出しにして対面のかたちになると、ぼくのペニスをつかんで、自分のそこに挿入させました。

「あああ、すごい、こんなに大きいの？　ねえ、壊れそう」

全部奥までおさまってしまうと、しばらくじっとして、その感触を味わうように目を閉じました。とても熱くて柔らかい肉が、それをギュッと包み込んできました。

「お義母さんのアソコも、すごく気持ちいいです。すごく締めつけてくる」

「ほんと？　だって、あなたのが大きすぎるのよ。こんなので突かれたら、おかしくなっちゃう。どうしよう、私、すごくエッチになってもいい？」

「いいですよ、お義母さんのそんな姿見てみたいです」

「やだ、意地悪」

ぼくは両手で義母のお尻をつかむと、前後左右に揺さぶったり、上下に動かしたりしました。ペニスがアソコをいろんな方向から刺激するのがわかりました。どこをどう刺激しても、義母は「あんあん……」とかん高い声をあげて反応しました。

それは、いかにも性の悦びを知っている女という感じでした。

頭の中で、つい妻と比べていました。まだ肉体的に未開発で、いろいろなことを教えてあげなければならない妻も、それはそれでかわいいし、男冥利《みょうり》につきます。

でも、すべてを知り尽くした義母の体は、やはりぼくの好みでした。どうすれば気持ちよくなれるか、そして男を喜ばせることができるか、何もかも知っている熟女の肉体に、ぼくはすっかり魅せられていました。

豊かな乳房に顔を埋め、乳首を吸いながら、下から激しく突き上げました。

「ズン!」という突き上げのたびに、義母の体が踊るように揺れました。

「ああ、だめ、こんなに気持ちいいの初めて。頭がへんになる。ああ、やめないで、続けて。私のおま○こ狂わせて!」

はしたない言葉を口にしながら、義母がグイグイと腰を動かしました。

やがてそのうち、ひときわ声が高くなりました。

「ねえ、どうしよう、イキそう。先にイッていい？」

「いいですよ、イッてください。思いきって」

義母の体がブルブル震えました。と思ったら「イクイク！」と叫びながら大きくのけぞりました。ハンドルに背中を預けてヒクヒクしながら、義母は達してしまいました。

「恥ずかしい。私、イッちゃった」

「すてきです、お義母さん。ぼくもイッていいですか？」

「いいよ、イッて。ねえ、飲ませて、若い人の飲みたいの」

そう言うと義母は体を離し、そしてペニスを咥えると、激しく上下運動させました。何秒もたたないうちに、ぼくは絶頂を迎えました。

「ああ、出ます、いいですか？　お義母さん」

「いいよ、出して、飲ませて。若い男の濃厚な汁を飲ませて」

ぼくはとうとう義母の口に射精しました。義母は口を離さず、そのままゴクンゴクンとのどを鳴らして飲み干しました。最後、尿道に残ってる液も絞り出して、一滴残らず味わうと「はあ」と満足そうな声をあげました。

「おいしかった。何年ぶりだろう、男の人の」

「お義母さん、すごいんですね。意外だったけど、すごくすてきでした」

「やだ、恥ずかしいから言わないで」

そうやっててれる顔は、いつものおしとやかな義母でした。

これがぼくと義母の間の出来事です。たった一回きりの、二人だけの秘密です。

もちろん妻は大切にしています。でも、またいつか、義母とあんなことできたらなあと思います。いずれにしても、ぼくの結婚生活は、いろんな意味で大満足なのです。

実の息子のように溺愛する甥に求められ久しぶりに牝穴を濡らす四十路熟女！

金城遼子　家事手伝い・四十四歳

私は自分の体質が原因の不妊で、そのことで離婚に至りました。

いまは実家に戻って両親の面倒を見ている毎日ですが、たまの休日には隣町に住む兄夫婦が訪れます。そのとき二十歳過ぎの甥もいっしょです。

「父さん、腰の具合はどうだい？　母さんも元気そうでなにより」

めっきり年をとった両親は、兄夫婦の訪問を歓迎します。ただ一人、甥の啓一《けいいち》だけが居心地悪そうにしているのです。両親が気づいているかどうかは知りませんが、私はその理由を知っています。

「啓一も大きくなったじゃないか」

「いやいや、こいつなんか社会人にもなれないしがないフリーターだよ。まったく情けないったら」

「あまりご近所の人に見られたくないんだけどねえ」

兄夫婦の言葉に、甥は無言のまま目をそらします。私は彼の前にとっておきの紅茶とケーキをおいてにこりと笑みを向けました。だって、私は知っているのです、兄夫婦の言葉が謙遜《けんそん》ではなく、本心だということを。

なんで兄さんたちはあんな言い方しかできないのかしら。

昔から兄夫婦は教育熱心というか教育熱心がすぎて、甥に厳しく当たってばかりでした。彼がどんなに成績を上げても「がんばってこの程度か」などという言葉を投げつけ、彼は次第に両親に反発するようになっていったのです。

いまは兄夫婦は我が子と没交渉というか、まるで最初から息子などいなかったかのような言動もしょっちゅうです。そんな境遇にたまりかねたのか、彼が近々家を出て一人暮らしをするという話を私は聞いていました。

「お前みたいな世間知らずが一人暮らしだなんて、どうせすぐに音を上げるに決まってる。あとで泣きついても知らんからな」

「兄さん、そんな言い方……」

「いいのよ、遼子《りょうこ》さん。この子ったら勝手に不動産屋に行って勝手に契約して、どこまで親をバカにしてるんだか」

あまりの言われように我慢できなくなったのか、甥は「先に帰る」とだけ言ってさっさと出ていってしまいました。私は楽しげに談笑する両親と兄夫婦をおいて、彼を追いかけました。

「遼子叔母さん……」

玄関を出たところで追いつくと、彼は一枚のメモを渡してくれました。そうして小さな笑みを浮かべるとそのまま行ってしまったのです。そこには彼の引っ越し先の住所が書いてありました。

そう、自分に子どもができなかったということもあって、私は昔から甥っ子を溺愛《できあい》してきました。兄に叱られ落ち込んでいるのを慰めたり、こっそりファミレスに行ってご飯を食べさせたりもしていました。彼も私の好意が伝わったのか、兄夫婦よりも私になついている様子です。

もちろん私と彼は叔母と甥の関係、それ以上でもそれ以下でもありませんが、厳しい兄夫婦の様子を見ていると、どうしても彼を応援したいと思ってしまうのです。

それからしばらくして、啓一は一人暮らしを始めたようでした。うちに来るのは兄夫婦だけ。啓一のことなど名前すら出さない始末です。けれど、私はちっともさびしくはありませんでした。

なぜなら私は、両親にも兄夫婦にも内緒で、こっそり啓一の暮らすアパートを訪ねるようになっていたからです。

「啓ちゃん、もうお洗濯ものはない？　まとめて洗ってしまうわ」

「遼子叔母さん、いつもありがとう……」

彼は生活費を稼ぐために居酒屋のバイトも増やし、ずいぶん忙しそうです。なので、私が訪ねるといつも洗濯物がたまっていて、ゴミ袋にはコンビニ弁当の容器がいくつも。これじゃ、いくら甥が若くて健康でも体がもたない。そう思った私は、食材を買って彼のためにお夕飯を作ってあげたりもしていました。

「どう、筑前煮の味、濃くなかった？」

「うん……お、おいしいよ」

差し向かいで食べる夕飯はなんだかおままごとのようで、少しくすぐったい。

でも、彼が喜んでくれるのがなにより私は幸せに感じるのでした。こんないい子なのに、兄さんたちはどうしてあんなふうにしか接することができないんだろうと、不思議でなりません。

私にもし息子がいたら、こんな感じだったのかしら？　欲しかったけど得られなかった幸せ、それを思うとせつなくて、でも目の前の甥がおいしそうに手料理を食べているのを見ると、心が安らぎます。

「遼子叔母さん、時間は大丈夫なの？」

ふと時計を見ると、いつもなら帰らないといけない時間です。でも私はにこりと微笑んで首を振りました。

「爺ちゃんと婆ちゃん、二人揃って町内会の温泉旅行中なのよ。だから今日は遅くなっても平気」

そうして夕飯を食べたあと、私たちはコーヒーを飲んでくつろぎ、二人の時間を過ごしました。けれど午後九時を過ぎると、さすがにそろそろ帰らないと……と腰を上げたときでした。甥がいきなり私の手をつかんできたのです。

「ど、どうしたの？　啓ちゃん」

「今日はもう、泊ってけばいいじゃん」

そう言って強引に私を抱き寄せ、強く腕の中に抱き締められました。突然の甥の行動に私は困惑していました。すると今度は、唇を奪われてしまったのです。

「んっ！　ん、んんっ」

それまで私は彼のことを、まるで自分の息子のようにかわいがってきたつもりでした。でも彼は違ったのです、明らかに女として私を見ているのです。

「んあっ、だ、ダメよ、啓ちゃん、ダメ！」

私は精いっぱい抵抗しましたが、どだい体格も腕力も向こうのほうが上です。そのままカーペットに押し倒され、服の上から顔を胸にぐりぐりと押しつけられました。このままじゃたいへんなことになる、なんとかしなきゃ。そう思った私は、ふと抵抗を止めました。

だって、彼は私を押し倒すというよりは私にしがみつくように、「おばさん、おばさん」と何度もつぶやいているんです。それは性欲の抑えきれない若者というよりは、寄る辺のない子どものように感じました。

「啓ちゃん」

「俺、俺はずっと長いこと、自分がどうしようもなくだめな奴だと思ってた。だから父さんにも母さんにも愛されないんだって。でも叔母さんは違った」

彼の言葉に私の胸も張り裂けそうに痛みました。

やっぱり兄夫婦のやり方はまちがってる。この子はこんなにも愛情に飢えていて、ずっとさびしかったんだ。そう思うと、彼の心と体を少しでもいやしてあげたいという気持ちがわき起こりました。

私は抵抗するのを止めて、彼の背中に手を回し、きゅっと抱き締めてあげました。そんな私の変化に気づいたのか、彼はもう一度唇を求めてきました。私のほうから舌を差し込むと、彼はちょっと驚いた顔をします。

「ちょっと体を起こしてね、啓ちゃん。いま、お布団を敷くわ」

あっけにとられた甥の目の前で、私はさっさと彼の布団を敷き、そこで一枚一枚服を脱いでいきました。こんなオバさんの下着姿を見せるのは恥ずかしかったけど、彼は熱っぽい目で私をじっと見つめていました。

「啓ちゃんも、脱いで」

私は下着姿で彼に手を貸して、彼の服を脱がせました。毎日バイトに励んでいる彼らしく、腕や胸はとても引き締まっていて、それを感じるだけでドキドキしてしまいました。

ブリーフの前は早くももっこりとふくらんでいて、そこに隠されているもののことを思うと、体の奥に火がともったように熱くなっていきました。

そういえば、夫と最後にしたのはいつだったろう？

あのころは不妊治療に明け暮れて、セックスは子作りのための作業、愛情確認でもなんでもありませんでした。でもいま、私の甥は、私の下着姿を見てアソコを大きくしてくれているのです。

「さ、いらっしゃい、啓ちゃん」

私は布団の上にあおむけになると、彼を手招きしました。

彼はパンツ一枚の姿でおずおずと私におおいかぶさり、キスをしてきました。さっきより肌がふれるところが多くて、お互いの体温や鼓動が感じられます。彼は興奮のためか少し汗ばんでいて、若い男の体臭がしました。

「お、叔母さん」

「叔母さんのおっぱい、見たいかしら？」

ブラをはずして生乳房をさらけ出すと、彼はごくりと生唾を飲み込んでそこに両手を伸ばしてきました。私よりもずっと大きな手が白い乳房に当てられ、最初は遠慮がちにもみはじめます。

すごくぎこちなかったけど、それがなんとも言えず気持ちよくて、乳首がびりびりしびれるほど感じてしまいました。思わず「あんっ」と声を洩らすと、彼はあわてて手を離そうとします。

「ううん、痛くないの。もっと強くもんでいいのよ。叔母さんすごく気持ちいい」

「ほ、ホントに?」

彼の手がさっきよりも強い力で乳房をもみはじめると、乳首が硬くしこっていくのがわかりました。鼻にかかった甘い声で悶え、身を軽くよじってみせると、彼も安心したのかリズムをつけてもみはじめ、そして乳首に吸いついてきたのです。

「うぁあん、それ気持ちいい! おっぱいもっと吸ってて!」

ちゅっ、ちゅっ、ちゅぱっ。音を立てて吸われると、まるで赤ん坊に授乳しているみたい。「ねえ、こっちも」ともう片方のおっぱいを手で持ち上げると、彼はそっちの乳首もちゅうちゅう吸ってくれました。

やだ、あそこが濡れてきてる。

何年ぶりかもわからない男性からの愛撫に、私の体は自分でも驚くくらい敏感になっていました。お腹の奥から熱いものが「じゅわっ」と溢れ出て、下着にシミを作っているのが自分でも感じられました。

これからここに、甥っ子の、啓ちゃんのを入れるのね。

四十路過ぎの中年女として、いいえ、彼の実の叔母としてとうてい許される行いではありません。でもそのときの私は、後悔やためらいなどこれっぽっちもありませんでした。頭の中にあるのは、ブリーフを逞しく持ち上げていた彼のアレのことだけ。

私は右手を伸ばし、彼のそこにそっと手を押し当てました。

「あっ、叔母さん」

「これ、もう勃起してるのよね。叔母さんのおっぱいちゅうちゅうして、こんなにしてくれてるのよね。うれしいわ、啓ちゃん」

手のひらの下で、彼のそれはびくびくと震えていました。それに、すごく熱いのです。私がそこをさするたび、彼は苦しそうな、気持ちよさそうな顔で眉をひそめます。

「叔母さん、ほ、ほんとうにいいの？」

「うん。叔母さんね、子どもができない体質なの。だから啓ちゃんのこと自分の子どもみたいに思ってたけれど、啓ちゃんはいつの間にかこんな立派な大人に成長していたのね」

私は軽く身を起こし、それから彼の見ている前でゆっくりとパンツを脱いでいきました。ブラはもうはずしているので、これで完全に全裸です。さすがに自分から足を開くのは恥ずかしいので閉じていると、彼の手が膝におかれ、ぐぐっと私の足を広げていきました。

「あぁ、恥ずかしいわ、啓ちゃん」

でも彼は、もう私の言葉なんて聞いてなくて、はぁはぁ息を荒げながら私の股間に顔を近づけてきます。あぁ、鼻息が太ももに当たってくすぐったい。私、今日はまだシャワーも浴びてないいんだけど、変なにおいがしたらどうしよう。

そんな恥ずかしさに悶えていると、彼の唇が私のそこに当てられ、ぴちゃぴちゃとそこをねぶりはじめました。

「あぁああっ」

生温かい舌が割れ目に沿って何度も上下に動き、その動きに合わせて熱いおつゆが溢れ出てきます。でも彼は、気にするどころかますます熱烈に、私の股間を舐め回すのです。

「これが、これが遼子叔母さんのま〇こ、おま〇こっ！」

ぴちゃぴちゃ、じゅるじゅる、音を立ててはしたない汁をすすり上げる彼のクンニに、私もいつしか髪を振り乱して悶えていました。

「あひい、ひいんっ、啓ちゃんに、啓ちゃんにおま〇こぺろぺろされてるっ」

たぶん彼は女性のアソコを見るのも、まして舐めるのも初めてに違いありません。だからテクニックとかそんなものは何もありませんでしたが、ただひたすらに私のそこを求めてくる激しさに、私は翻弄されました。

気づけば私の腰は勝手に浮き上がり、自分から彼の顔に股間を押しつけていました。もっと欲しい、もっと舐めてほしい、いやらしいおつゆをすすってほしい。

そんな気持ちにこたえるように、彼は両手で私の腰をしっかり抱き締め、無我夢中で私のそこを責めつづけました。

「あっ、あぁあ、イク、イッちゃうぅぅ～っ！」

びくっ、びくっ、込み上げる快感が抑えきれず、とうとう私は甥っ子の稚拙《ちせつ》なクンニで絶頂に達してしまったのです。腰ががくがく痙攣し、やがて足から力が抜けていきましたが、もちろんそれで終わりではありません。

彼は愛液まみれの顔を上げて、手で口元をぬぐうと、おもむろにブリーフを脱ぎました。そこから現れたものを見て、私は思わず息を呑みます。大きくそびえ立つそれが、あまりにも立派だったからです。

す、すごい。啓ちゃんっ、いつの間にこんな……。

それはちゃんと包皮の剝けた大人のペニスでした。

先端はまだ濃いピンク色だったけれど、茎のところに太い血管が浮き出て、びくびくって何度もはねて、いまにもおへそに届きそうなんです。

「お、叔母さん。俺、叔母さんの中に入れたい」

「ええ、いいわ……」

私は自分から膝を立てて股を広げました。そのほうが挿入しやすいというのは、経験者の私のほうがよく知っています。彼は私の足の間に腰を進めてきて、ペニスの先を割れ目のそこにこすりつけてきますが、なかなか入りません。

「も、もう少し下のほうよ、ああそこ、腰を突き出して……あぁあっ」

ずぶっ、ずぶずぶっ。入り口さえ探り当てれば後は簡単、私のそこはエッチな汁でぐっしょり濡れていましたから。

それにしても、久しぶりのセックスだからなのか、彼のモノの硬さと大きさに、私は圧倒されていました。元夫とのセックスのことを思い出そうとしてみましたが、甥っ子のペニスの存在感の前に、そんなものはもう思い出せません。

「うああ、お、叔母さんっ」

「いいの、もっと奥まで来て！ あぁ、すごい、すごいっ！」

彼がのしかかってくると挿入が深まり、お腹の奥の奥まで届きそうです。彼もまったく余裕がなさそうで、とにかくやみくもに腰を突き出し、ピストンなんてできそうもありません。それでも私は、いとしい甥っ子の初体験を味わえたことに深く満足していました。

「いいわ、啓ちゃん。すごく気持ちいい。そのまま腰を少し引いて……あん、そうよ。それからまた腰を突き出して。ああ、いいっ！」

それから彼は、私のレクチャーどおりに腰を振り立て、私の中を激しくかき回してくれました。男性の本能なのか、彼の腰づかいはみるみる上達し、気がつけば私は後背位で腰をつかまれ、彼に後ろから突きまくられていました。

「啓ちゃん、気持ちいいっ、叔母さん、また……」

「俺もイキそうだ。お、叔母さんの中に出していいよね？　いいよね？」

「いいわ、何回だって出して。啓ちゃんの精液、叔母さんの中に出して！」

激しく振り立てていた彼の動きが止まると、私の中でペニスが大きくはねて、熱いものが注ぎ込まれていきます。その夜、二度目の射精です。さすがに初体験で二連発は疲れたのか、彼は萎《しお》れたペニスを抜くと、どっと布団に倒れ込みました。

私のアソコからどろりと熱いものがこぼれて布団を汚しましたが、それをふき取る気力は私にもありません。私たちは息をととのえながら、全裸のまましばらく抱き合っていました。

「はぁ、はぁ、叔母さん、すごくよかったよ」

「私もよ……でも、このことは兄さんたちには絶対に言ってはだめよ。こんなことが知られたら、私は啓ちゃんと会えなくなってしまうから」

そう言うと、彼は絶対に誰にも言わないと誓ってくれました。

「俺、もう父さんたちのこと気にしないことにするよ。俺は俺、父さんたちは父さんたちだし。それに、俺には叔母さんがいるしね」

そんなけなげなことを言う彼が、私は愛おしくてたまりませんでした。そしてこれからも自分だけは彼の味方でいよう、そのためならなんでもしてあげようと思いました。

それからも私は両親にも兄夫婦にも内緒で、甥のアパートに通いつづけています。

毎回セックスするというわけにはいかないのですが、彼がしたがっているときは私にもわかります。なので、時には服を着たまま、台所で立ったまま犯されたりすることもあるのです。

「叔母さん、そろそろ出すよ、叔母さんの中にいっぱい出すよ」

「ええ、啓ちゃんの好きなだけ出していいのよ」

懸命に腰を振る甥を見ていると、ふとせつなくなるときもあります。

いまはまだ彼は私のことを必要としてくれています。でも私たちの年の差を考えると、いつか彼も私の体に飽きるのではないかとどうしても考えてしまうのです。いつか彼に好きな女の子が出来たとき、彼は私よりその子を選ぶに違いありません。

でもそれは仕方のないことです。私は彼の実の叔母、もともと肉体関係など持ってはいけない間柄なのですから。

でも、その日が来るまでは……。

「うぅ、で、出る、叔母さんのま〇こに精液出る！」

どくどくと甥っ子の濃厚な精液が私の中に注がれていきます。いまのところ彼は私以外の女性には興味がないようで、私のことを「好きだ」と言ってくれます。

いつまでもこんな日が続けばいいのに……とありえない希望を抱きつつ、私も彼の熱い精液で絶頂してしまうのです。

第四章

淫靡な十字架を背負わされた人々の贖罪

従弟への家庭教師のお礼をする美叔母
媚フェロモン溢れる淫らな性のお勉強！

小倉博之　大学生・二十一歳

これは、ぼくの叔母さんの話です。

母の妹の恵美《めぐみ》叔母さんには、五年生になる息子、圭太《けいた》がいました。

大学生で暇をしていたぼくは、恵美叔母さんに頼まれ、二カ月前から従弟の圭太に週三回で家庭教師をしていました。

圭太の部屋のことで、最初から変だと思うことがあったのです。

ある月曜日、家庭教師で算数の図形を教えていたぼくは、圭太の回答が正しかったことを確認してから、休憩を宣言しました。

「じゃあちょっと休憩しようか」

圭太は伸びをすると、デスクの引き出しからゲームウォッチとかいうおもちゃをとり出しました。手のひらサイズの液晶ゲームです。

「ふうん、テレビゲームもいまはそんなに小さくなってるんだな」

圭太は「うん」と言ってうつむいたまま。ピコピコとゲームを続けます。

ぼくは最初から気になっていたことを、思いきって聞きました。

「なあ圭太、なんでお前の部屋に、いつも叔母さんの洗濯物が干してあるの？」

圭太の部屋の端に、小物用の洗濯ハンガーが立ててあり、そこにいつも叔母さんの着衣が干してあったのです。それもパンティやブラジャー、ストッキングなど下着ばかりです。

「あの角を見てよ。換気扇があるだろ？　台所と風呂場以外に換気扇があるの、この部屋だけなんだって」

圭太はチラリとそちらを見て、すぐにゲームに目を落としました。

「ヒロ君、お疲れ様」

叔母さんがお茶とお菓子の載ったトレーを持って入ってきました。白いワンピースが涼しそうです。

「圭太、休憩中にまでゲームに夢中になるの、やめなさい！」

「へーい」

圭太はしぶしぶゲームの電源を落とすと、言わなくてもいいことを言いました。

「お母さん、なんでお母さんの洗濯物をぼくの部屋に干してるのかって、ヒロ兄ちゃんが聞いてたよ」

「あら、ごめんなさい。肉親だと思ってるからつい……」

「そんなことないだろ。ぼくの友だちが来てるときも、平気で干してるじゃないか」

そうして、ぼくを見てニヤッと笑いました。

「ヒロ兄ちゃんも、お母さんのパンツなんか見たくないってさ」

「えっ、そんなこと言ってないだろ」

圭太の言葉に、ぼくは叔母さんを見ながら、あわてて手を横に振りました。

「大丈夫だよ、叔母さん。ぼく、気にならないから！」

きれいで若い叔母に向かって、ぼくはいくぶんむきになって言いました。

小学五年生の息子がいますが、叔母さんとぼくの母は歳が離れていて、まだ三十代になったばかりです。

いつも優しい笑いを浮かべた叔母さんに、ぼくは小さなころからあこがれを抱いていました。

それだけではありません。いま思い返せば、かなり幼いときから、ぼくは叔母さんに対して、ほんのりと性的な関心を抱いていたように思います。

「実はね、恥ずかしい話なんだけど、お洗濯物を外に干してたら、下着を盗まれたことがあったの。それで、私の下着だけ、圭太のお部屋に干してるのよ」

叔母さんは圭太のベッドに浅く腰かけました。膝をそろえて座りましたが、座面が低いので、ワンピースのすそから逆三角のすき間が出来ています。

「ふうん、お母さんのパンツ盗むなんて、物好きなヤツもいるもんだな」

五年生と言えば、もう達者な憎まれ口を利くようになります。

叔母さんは息子の軽口に怒るでもなく、あいまいに笑って言いました。

「ううん。やっぱり私も無神経だわね。圭太も五年生だし、いやがるのも当然ね」

「友だちも来るしな。ぼく、もう岩崎《いわさき》のヤツをなるべく呼ばないようにしようと思ってるんだ。あいつ、お母さんのパンツをじっと見てるんだもん」

「あらあら、それは恥ずかしいわね」

叔母さんのワンピースのすそが気になりましたが、いつまでもじっと見つめているわけにもいきません。

「さあ、勉強の続きを始めようか」

世間話を打ち切るような口調で、ぼくは休憩の終わりを宣言しました。

「圭太、がんばってね。ヒロ君、よろしく」

叔母さんがベッドから立ち上がるとき、広げた脚の奥にパンティが見えました。一瞬でしたが、鮮やかなオレンジ色と、白と赤の小さな模様がはっきりと見えました。

ぼくが圭太に勉強を教えるのは、月火土です。翌日の火曜日も、大学から戻ったぼくは自転車で圭太の家に行きました。

「いらっしゃい。圭太はお友だちの家に行ってるの。もうすぐ帰ってくると思うわ。先にあの子の部屋で待っててちょうだい」

叔母さんは白いシャツに赤いスカートという格好で、お台所のテーブルを拭いていました。ストッキングも靴下もはいていない、軽そうな装《よそお》いです。

圭太の部屋に入ると、ぼくは昨日の叔母さんのように圭太のベッドに軽く腰かけました。圭太に出題をして解かしている間、ぼくもいつもそこに座って雑誌などを読んでいるのです。

吊るしてある叔母さんの下着に目をやりました。

あれ、昨日はいてたやつだ……。

ゆっくり立ち上がると、室内ハンガーに向かいました。

濃いオレンジ色のパンティで、白い大きなフリルがついていました。正面には小さな赤いバラの模様があります。まちがいなく、昨日叔母さんの両脚の間から見えたものです。

このパンティが昨日、叔母さんのお股を一日中包んでたんだ……。

ぼくはフラフラとパンティに手を伸ばしていました。ハンガーの洗濯ばさみからパンティをとると、ほんとうに下着泥棒になった気がして、心臓がバクバクしました。

パンティの腰ゴムを両手の指で四角く広げて、のぞき込みました。叔母さんの性器を見ている錯覚に陥り、息まで荒くなってきます。

アソコの当たるところ、黄色くしみてる……。クロッチの裏面は白い生地でしたが、性器のふれるあたりだけが、薄黄色に染まっていました。女の人の恥ずかしい秘密を知ってしまった気分になり、淫らで暗い満足感でいっぱいになりました。

このパンティ、もらって帰っちゃダメかな……？

ダメに決まっています。犯人はぼくしかいないのですから。

廊下に足音が聞こえ、ぼくは大急ぎでパンティを室内ハンガーに吊るしました。

「ごめんなさいね。あの子、いまから帰るってお友だちの家から電話してきたの」

入ってきた叔母さんは、ぼくがいままでふれていた室内ハンガーに一瞬目をやりました。あわててパンティを戻して、まだハンガーが揺れているのを見られたかも……。

「もうちょっと待っててちょうだい」

叔母さんは熱いお茶の載ったお盆を持っていました。ぼくが退屈だと思ったのでしょう。お盆を圭太の学習机の上におくと、叔母さんは圭太の椅子に座りました。ベッドに腰かけているぼくのほうが視点が下にあるかたちです。

「ヒロ君、大きくなったわね。立派な大学生っぷりじゃない」

ぼくにお茶を渡し、自分も一口すると、ため息とともに叔母さんは言いました。

「叔母さんは変わらないね。ぼくが小さいときのままだよ」

「まあ、うれしいわ。うふふ」

叔母さんは揃えていた脚を組みました。片脚を上げ、もう片脚の上に重ねる。その動きが実にゆっくりに思えたのは気のせいでしょうか。おかげで、薄紫のパンティがはっきり見えました。お股の微妙なふくらみまでわかりました。

「ぼく、小さいころは叔母さんのことをメグミお姉ちゃん、って呼んでたんだよね」

自分の射るような眼差しをごまかすように、ぼくは話を戻しました。

「そうだったわね。小さいころ、よくお風呂にも入れてあげたものね」

「あー、それは覚えてない。残念！」

冗談めかして、ぼくは本音を吐露《とろ》しました。

「何が残念なのよ、もうっ」

会話がどんどん砕けてきました。圭太がいるときは、どうしても家庭教師と児童の保護者という立ち位置になりますが、こうして久しぶりに叔母さんと二人きりでいると、あのころのヒロ君とメグミお姉ちゃんに戻るようです。

「……ねえ、いま、私のスカートの奥、見たでしょ？」

叔母さんはあごを引いてゆっくり聞いてきました。

血の気が引く思いでしたが、ここで嘘をついても仕方ないと思いました。

「うん……見た。薄紫色だった」

薄氷を踏む思いでしたが、正直に言いました。冗談っぽい雰囲気を残すために、少しだけ笑いを浮かべてです。

「この悪い甥っ子め！」

叔母さんも笑いながら怒った声だけを出し、立ち上がってぼくのすぐ隣に座りました。圭太のベッドが軽くきしみます。

ぼくはお尻を浮かせて叔母さんから少しだけ距離をとりました。すると叔母さんもお尻を上げてその間を詰めてきます。おかげで肩と腰がまともにふれ合っています。満員電車にいるようです。

腰かけたためにスカートはずり上がり、剝き出しの太ももが半分ほども露出していました。

「うふふ、こんなに大きくなったのね。あんなに小さかったヒロ君が……」

叔母さんはぼくの肩に腕を回してきました。

「いまじゃ、ぼくのほうが余裕で叔母さんに手を回せるよ」

ぼくも同じことをしました。二人の体はかなりの強さで密着しています。

叔母さんの真意がどこにあるのかわかりませんでしたが、大好きな叔母さんとぴったりくっついていることに、ぼくはまた、静かに息が荒くなっていました。

「叔母さん、大好きだよ……」

その場の雰囲気に呑まれるかたちで、自分でも驚くほどスムーズにそんな言葉が出ました。叔母さんは上半身の体重をいくらかぼくに預けています。

「叔母さん……聞いても怒らない？」

踏み込んだことを聞こうとして言いましたが、叔母さんは少し吹き出しました。

「そんな子どもみたいな言い方、もう圭太でもしないわよ」

思わず頼りない苦笑が浮かびましたが、ぼくは続けました。

「あの吊るしてあるオレンジ色のパンティ、昨日はいてたやつだよね？」

「……そうよ。うふふ、やっぱり見てたのね？」

叔母さんは回した手で、ぼくの腕を優しくなでていました。

「二カ月前、圭太の勉強を見てくれって言われたとき、すごくうれしかったんだ。叔母さんに週三回会えるんだから。お月謝なんていらないと思ったぐらい」

「まあ、おじょうず。うれしいわ」

叔母さんはもうしなだれかかるようにぼくに体重を預けています。電車で隣に座ったOLが完全に居眠りをしているみたいです。

「ねえ、ヒロ君には圭太の勉強を見てもらってるけど、私も姉さんからあなたのことを頼むって言われてるのよ」

「母さんから？」

「そう。うちの博之《ひろゆき》のことも頼むわねって。知らなかった？」

「いや……でも母さんならそれぐらい言いそう。社交辞令で」

「私は姉さんの頼みを真摯《しんし》に受けるつもりよ。あなたの指導をね」

「指導?」

「そう。私がヒロ君を指導するの。テーマはずばり、男女のことよ」

体を密着させたまま、叔母さんはぼくの手を握ってきました。叔母さんの手は、小さくて熱っぽく、少し汗ばんでいました。

叔母さんの手に導かれるまま、ぼくは叔母さんの太ももにふれました。弾力も温かさもありましたが、ぼくの第一印象は、その湿っぽいしっとり感でした。

「……叔母さん、いいの? 叔母と甥でこんなことして……」

ぼくはうれしさを通り越して、少し怖くなっていました。近親者でこんなことをしてはいけないのは、教えられなくてもわかります。

「ヒロ君、メグミお姉ちゃんが好きなんでしょう?」

「うん……」

「私もよ。最初は歳の離れた弟みたいに思ってたけど、最近なんだか、すごくかっこいい男の子になってきたんだもの……ヒロ君のこと、すごく興味があるの」

叔母さんは重ねた手をゆっくりと前後に動かしました。当然、ぼくの手は叔母さんの太ももをなでることになります。かすかで柔らかい産毛の逆立つ感触に鳥肌が立ちました。ゴクリとのどから大きな音が出てしまいました。

なでながらぼくの手は、次第に叔母さんの太ももの奥に向かっていきます。叔母さんの手がはっきりとそう誘導していたのです。

「大人の男女のつきあい方の指導よ。受けてみたい?」

「うん」と蚊の鳴くような声でしか返事ができませんでした。

荒い息を懸命にこらえようとしていました。ぼくの手はワンピースのすその中に入り、叔母さんの手はなおも奥に導きます。どちらかというときゃしゃな印象だった叔母さんなのに、実際に太ももにふれてみて、こんなにボリュームがあったのかと驚きました。

「緊張しなくていいの。ヒロ君、こっちを向いて」

顔を上げると、体温が伝わるぐらいの近さに叔母さんの顔がありました。

その顔がゆっくりと近づいてきます。同時にワンピースのすそに入ったぼくの手は、もう少しで叔母さんのお股にふれるところでした。

「ただいまー!　遅くなってごめんなさい!」

玄関から圭太の大声が聞こえました。機先を制したつもりか、大きな声で最初に謝ってから、ドタドタと廊下を走ってきます。

「続きはまた今度ね、ヒロ君」

叔母さんは早口で言うと、ぼくのおでこにチュッとキスをして立ち上がりました。

「遅いわよ、圭太。ヒロ先生、さっきからお待ちかねよ」

叔母さんは母親の口調に戻り、キビキビと言いました。

それから次の土曜日までの四日間を、ぼくは悶々と過ごしていました。金曜の夜には、恥ずかしい話ですが、大学生だというのに、叔母さんを思い出して夢精までしていたぐらいです。

待ちに待った土曜日、母がぼくの部屋に来ました。

「博之、恵美から電話があったんだけど、圭太君の勉強方針で相談があるから、一時間ほど早く来てくれないかって」

妖しい期待の一方で、不安もありました。叔母さんが我に返って『あんなことは忘れましょう』などと言い出さないかとか、ほんとうに圭太の勉強の相談なのかとか。

「ヒロ君、急がせちゃってごめんね。迷惑じゃなかった?」

圭太の家に着くなり、叔母さんは言いました。以前と同じ白いワンピースです。

「大丈夫だけど。圭太の勉強方針の相談って?」

叔母さんはキョトンとしましたが、ちょっとわざとらしい雰囲気もありました。

「あら、勉強の方針とは言ったけど、圭太とは言わなかったわよ。姉さんの早とちりね。この間の続き、ヒロ君の男女のつきあい方の指導方針よ」

心拍が急激に上がり、玄関を上がったまま呆然と立っているぼくに、叔母さんはゆっくり抱きついてきました。

「レッスン1、キスの仕方。唇を重ねたら、ゆっくり舌を出してみて」

叔母さんと抱き合ってキスしました。それだけで全身の毛穴が開きそうなほど興奮したのに、叔母さんはぼくと舌をヌルヌルに絡めてきたのです。

「あああ……あの小さかったヒロ君と、こんなことしてるなんて……」

唇を重ねたまま、叔母さんはあいまいに言いましたが、その気持ちはぼくのほうがずっと大きかったはずです。

立ったまま全身の力が抜けたぼくは、膝を折ってそのままくずれてしまいました。

「かわいいわぁ……じゃあ、圭太の部屋に行きましょう……」

圭太の部屋。こんなことに子ども部屋を使うという神経にちょっと疑問を感じましたが、逆に夫婦の寝室を使うことに叔母さんなりの遠慮があったのかもしれません。

圭太の部屋に入ると、叔母さんはまた抱きついてきました。

ワンピースの上から、ぼくは叔母さんのおっぱいをもみました。ゴワゴワしているだろうブラジャーの感触はなく、繊維を通してふんわりとした触感が手に伝わってきました。

「レッスン2、女の人の服の脱がし方。ヒロ君、背中のチャックをおろして……」

首から腰まであるチャックをおろすと、音も立てないぐらいあっけなくワンピースが下に落ちました。叔母さんはベージュのパンティだけで、やはりブラジャーをしていませんでした。

「あああ、叔母さんのおっぱい……でも、パンティははいてるんだね……？」

「さすがに恥ずかしくて……それに、最期の一枚はヒロ君に脱がせてもらおうと思って。それが、レッスン8なんだもの」

言いながら叔母さんはぼくの服を脱がしてくれました。ブリーフを脱がされるときだけ、引き返したくなるぐらい恥ずかしかったです。

「うふふ、生意気！　こんなに大きくなっちゃって。お毛々まで生やして！」

パンティ一枚の叔母さんは、ぼくを圭太のベッドに押し倒しました。

叔母さんのおっぱいに激しくむしゃぶりつきました。

「あんっ、舌づかいはうまいじゃないの……ああんっ、うふ、積極的ね」

長年の間見上げて尊敬していた叔母が、ベッドの上ではこんな声を出すのかと、新鮮な驚きを覚えました。

体をずらして、叔母さんの股間部を見つめました。薄紫のパンティがじっとりと濡れていて、陰毛が透けています。

「叔母さん、パンティ、脱がすよ……」

濡れて脱がしにくくなったパンティを、ゆるゆると下げていきます。

「あああ、叔母さんのオマ〇コ……！」

叔母の性器は想像以上にねじれて卑猥な色をしており、湯気が立つほどじっとりと湿っていました。

ここからあの生意気な圭太が産まれてきたのか。

少し不思議な気分でした。

「恥ずかしい……あんまり見ないで」

お股を隠そうとした叔母さんの手をつかみ、そっと退けました。

「おいしそう、叔母さんのオマ〇コ」

無我夢中で叔母さんの性器を舐めました。何か屈辱感と征服感が入り混じった不思議な感情がわき起こりました。

「んああ……じょうず、じょうずよ、ヒロ君。もっと上のところを……」

叔母さんはぼくの頭を抱え、舐めているポイントを微調整してきました。クリトリスを舐めろという意味だとわかりました。

叔母さんはまたぼくの頭をつかむと、そっと自分の顔に引き寄せました。

「ヒロ君、初めて?」

うん、まだ童貞だよ。そんな言葉さえまともに言えず、ぼくは首を縦に振るだけです。

「大丈夫よ。私がやってあげる……」

叔母さんはぼくを見たままチ○ポを握り、自分の柔らかいくぼみに導きました。

「んくっ……そのまま、ゆっくり入れてみて……！」

あごを出す叔母さんの顔を見つつ、ぼくは息も止めて叔母さんに入れていきます。

「あああ、叔母さんのオマ○コ、あったかい……」

しまらない声が洩れてしまいました。叔母さんの中は温かくてヌルヌルで、信じられないぐらい強くぼくの性器を締めつけていました。

「このままヒロ君が私の中で前後に動くの。抜けちゃダメよ。できる？」

慣れない前後の動きを始めましたが、すぐに射精の予感が走りました。

「ああっ、叔母さん、すぐに出ちゃいそう……！」

自分でもおかしいぐらい泣きそうな声になっていました。

「んあっ……べっ、別のことを考えるといいわっ。圭太の勉強のこととかっ」

言われたとおり、懸命にほかのことを考えようとしましたが、それでも一分ともちませんでした。

ぼくは叔母さんの性器の奥で、熱い精液をぶちまけてしまったのです。

「うふふ、最初だから仕方ないわね。これからもっと勉強を重ねていきましょう……」

レッスン10。夢にまで見た叔母さんとのセックスを果たしたのです。

幼少期から続くＤＶに堪忍袋の緒が切れ猛る肉棍棒を母の肛門に突き刺す変態男

宮下誠也　会社員・三十七歳

あれは、いまから二十年ほど前の話です。

私は、母親から日常的に虐待を受けていました。両親はどちらも学校の先生で、父は小学校、母は中学校の教師なのですが、この母親が、私を小さいころから虐待していたのです。幼少のころから母が怖かったですが、子ども心に、自分がいけない子だからと心を抑え込み、ずっと耐えていました。

父はこのことをまったく知りませんでした。母の私への暴力と暴言は、常に母と私の二人だけのときに行われていたのです。幼心に、父に知られてはいけない、他人に話してはいけないと思っていました。そんなことをすると家庭が壊れ、自分は両親といっしょに住めなくなると思い、そちらの恐怖が大きく、私はただただ、母の仕打ちを息をつめて我慢するしかありませんでした。

中学に上がるころにはさすがに疑問が生じましたが、比較的体の小さかった私は、それでも母に抵抗することはありませんでした。

高校になってからようやく身長が伸び、みんなより遅れて基礎体力もついてきたのですが、いま考えると、心理的な理由で思春期の成長が遅れていたのだと思います。

ある日父が遅くなり、やはり母と二人だけで夕食をとっていたときのことです。些細《ささい》なことで母がキレました。いつもたいしたきっかけなどなく、母はヒステリックに怒りだすのです。

「なんでそんなことを最初に言わないの！」

そのときも、学校の親子懇談の日程を食事の前に言わなかったと難癖をつけて私を責めだしたのです。

「ごめんなさい。プリントをもらったからあとで……」

「あとで渡すからと言い終える前に、母の持っていた茶碗が私の顔に飛んできました。

「熱っ！」

炊き立てのご飯が私の顔につき、熱さのあまりあわてて両手でご飯粒をはらいました。

「あとでじゃないわよっ！　だいたい、いつもあんたは！」

今度はお箸が顔に飛んできました。危なく目を突くところでした。

その瞬間、私は頭が真っ白になりました。

テーブルの上の食事を片手で勢いよくなぎ払いました。茶碗もお皿も派手に割れ、壁はおかずとご飯でひどいシミがつきました。

「危ないだろ！　なに考えてるんだ！」

生まれて初めての反撃でした。母は一瞬たじろいだ様子でしたが、すぐに、

「あんた、親にはむかう気!?」

私はゆっくり立ち上がり、母に近づきました。体じゅうが熱くなり、息も荒くなっていました。全身の細胞が反乱を起こしたような気分でした。

母の真正面に立つと、母はこんなに小さかったのかと驚きました。いつもビクビクと首をすくめていたので、とっくに母の身長を越えていることに感覚的に気

づいていなかったのです。

「すぐに片づけなさい！　まず、お母さんに言うことがあるでしょう！」

いつものように高飛車に「ごめんなさい」を連呼させようとしましたが、私は渾身の力を込めて母の顔に平手をかましました。それも往復ビンタです。

小気味よい音がどんなに気持ちよかったか！　小学生の終わりごろにオナニーを覚えていましたが、射精にも似た快感が身の内に走るのを感じました。

「あとでもいいだろ、そんなこと！　くだらないことで騒ぐな！」

「だっ、誰に向かってそんな口を！」

母の着衣は中学の教壇で着ていた白いブラウスとスカートです。私はブラウスの白い襟を、首を絞めるように乱暴につかみ、そのまま母に頭突きを食らわせました。

「うーん」とうめいて母はくずれました。教師らしい紺のスカートはめくれ上がり、ベージュのストッキングに包まれた太ももの大半が見えていました。

気絶など許すつもりはありませんでした。無理やり起こそうと、ブラウスの胸元を握って引っぱると、バネ仕掛けのように小さなボタンがいくつもはじけ飛びました。

白いブラジャーがまる見えになりました。

私は母に、日ごろの虐待の仕返しをしたかったのです。人間として、女性として、立ち直れないほどの苦痛を与えたかったのです。剝き出しのブラジャーと露《あらわ》になった太ももを見て、悪魔的な感情が芽生えました。

正面からブラジャーをわしづかみにし、思いっきり引っぱりました。背中のホックがはずれて、母の乳房がまる見えになりました。スカートのホックも引きちぎり、優しさの欠片《かけら》もない速さでスカートを引っぱり、勢いよく脱がせました。

「ちょっ！　あんた、なにしてんの⁉」

母は両手を交差して胸をかばい、ストッキングに透けたパンティをできるだけ見られないように、脚も重ねてすくめていました。エッチな画像などはそれなりに見たことがありましたが、まさにレイプされる直前の哀れな女性の姿でした。

「どういうつもりなのっ？　親にこんなことして、ただですむとでも」

「うるさいっ！」

へたり込んだ格好の母に再び平手を食らわせました。ヒステリックな母の声に、はっきりと動揺が表れていて、それが私の興奮をさらに煽りました。

最初にテーブルの上をなぎ払ったときから、私の下半身は完全に勃起していました。母を女性として見たことなどありませんでしたが、そのときの私には、母を屈服させるのと母を犯すのはほとんど同義だったのです。

ストッキングに包まれた母の両膝を広げさせました。黒いストッキングに白っぽいパンティのクロッチが透けて見え、ひどく煽情的な光景に見えました。

「ちょっと！　自分がなにをしてるか、わかってるの？」

母の声に恐怖が混ざってきました。私はかまわずに、母の股間に手を伸ばし、ストッキングをつかむと引き破りました。大小の丸い穴が空き、母の白い太ももの内側が露出しました。

「やめなさいっ！　ねえ、やめてっ。ちょっと落ち着きなさいっ！」

中学校の教壇で出すような、少し諭《さと》すようなトーンに変わりましたが、

「うるさいっ、動くなっ！」

私は手の甲で再び母の頬を張り倒し、黙らせました。

母のパンティの腰ゴムに手をかけましたが、尻もちをついた格好なのでうまく

いきませんでした。母がもたれている台所の上にキッチンバサミがあったので、それを手にしました。

刃先を上にしてチョキチョキしてみたときの母の恐怖に震える顔は、忘れることができません。

「きゃあああっ！」

刃先を母の股間に向けると、母は掛け値なしの悲鳴をあげました。

「動くなって言ってるだろっ！」

母の髪をつかみ、壁に強く打ちつけると、また母は小さなうめきをあげ、少しの間だけおとなしくなりました。

母のパンティの腰ゴムを左右ともハサミで切りました。パンティのフロントはあっけなく前に倒れ、薄めの恥毛に包まれた母の性器が現れました。

私はカチャカチャと音を鳴らして自分のズボンを脱ぎ捨てました。トランクスも脱ぎ去ると、我ながらあきれるほど勢いよくペニスが奮い立っていました。

膝立ちになり、半分気を失った母の両膝の裏をとって、自分のペニスを膣口に向けました。

高校生だった私は童貞でしたが、エッチなビデオや雑誌でどこにどうするのか、知識だけはふつうに持っていました。

屹立《きつりつ》したペニスの先を母の膣に当てると、母は体をピクンッと揺らしました。

いける……このまま押し進めたら、母さんのオマ〇コに入るんだ。

腰の力を入れ、母の性器に挿入していきました。

「うーん」、とうめいた母は、はっきりと目を覚まし、首をもたげて目を丸めました。

「やめなさいっ！　あんたっ、なにしてるのっ！」

かん高い声でしたが、いつものヒステリーのトーンではなく本物の悲鳴でした。

牝の防衛本能が働いたのか、母は強い力で抵抗し、脚を閉じようとしました。

私は母の顔を殴り、髪の毛をつかんで壁に打ち当て、腹を軽く殴りました。

ぐったりとさせてから、ペニスの埋没を続けました。ペニスは痛みを覚えるほど勃起しており、挿入自体は怖ろしくなめらかに進みました。

これが、女の人のオマ〇コ……ぼく、セックスしてるんだ！　母さんを……あの母さんを犯してるんだ！

童貞を捨てた性的昂りと、母を屈服させた二重の悦びで、昇天しかねないほど全身が歓喜に包まれていました。

「やめてっ、あああっ、いっ……いやあああっ！」

母はあごをのけぞらせ、聞いたこともない高い声をあげました。

「あはは、母さんのオマ○コ、すごく締まりがいいよっ！」

下卑《げび》た言葉づかいで母に言葉の暴力を浴びせました。

「ぼくが出てきた道だろ？　なんか久しぶりだよ。なつかしいや、あははは」

母を侮辱《ぶじょく》するために必要以上に高い笑い声をあげましたが、自分の声がふだんの母の笑い声にそっくりなことに我ながら驚きました。

自分が生を受けた膣道を自分のペニスで犯す。罪の意識と背徳感は小さくないのですが、その精神状態では、そうした負の感情も性的興奮を煽るドーピング剤でしかありませんでした。

「……ね、わかってるでしょう？　こんなこと、してはいけないの。お願いだから、抜いて」

母の鼻は真っ赤になっており、涙がたくさん流れていました。息子を虐待していたのに、近親相姦に対して常識的な禁忌感を持っていることが少し意外でした。

「じゃあ、あんたがこれまでぼくにしてきたことは、やってもいいことだったのか？」

Ｍ脚に開かせた両脚を、私はがっちりとつかんでいたので、母は逃げることはできませんでした。

「なんで泣いてるのさ？　これまでのことを反省したっていうの？」

私はからかうような口調で言いました。母は実の息子に膣奥まで挿入されたたま、はなをすすり上げて泣いていました。

「じゃあさ、仲直りの印に、母さんの中で出させてもらうよ。セックスするってことは、つまりそれぐらい仲がいいってことなんだから」

私が悪意を込めて言うと、母は自由になる首だけを左右に振りつつ、

「ダメ、そんな恐ろしいこと！　お願いだから……！」

などとぬかしやがるので、

「あんた、泣いて謝ってるぼくのお願いを聞いたことあんのかよ！」

と母親をあんた呼ばわりし、私は腰振りを始めました。

「ああぁっ！　いやっ、いやっ！　やめてぇ！」

ピストン運動を始めると、母はまたあごをのけぞらせ、黄色い声をあげました。

チ○ポが締まるっ。これが、セックス……すごく、気持ちいいっ！

母への復讐心とは別に、初めて体験するセックスの気持ちよさを、私は歯の根を食いしばって堪能していました。

「母さんっ、もうすぐ出るよっ！　ぼくの精液、たっぷり出すからねっ！」

「ああっ、ダメッ、ダメだったらぁ！」

母は首がちぎれるぐらい顔を左右に振り、抵抗しました。

「こんなことになったの、誰のせいだと思う？　ぼくが悪いんじゃないよな。全部おまえの責任なんだよ！」

母親をおまえ呼ばわりすると、頭が真っ白になって射精反射が起き、熱い精液を母の胎内に撃ち放ちました。母に隠れてコソコソするオナニーとはまったく異なる感覚でした。

「ああ……なんてこと、なんてこと……」

母はカエルのように足を広げたまま、はなをすすり上げ、激しく泣いていました。

「気持ちよかったよ、母さん。またぼくがしたくなったら、ヤラせてくれよな」

最後に母の頬に平手を食らわせて、私はペニスを抜きました。まさに家庭内でレイプされた母は、その場に放っておきました。

それから数日の間は、表面上は平穏に過ぎました。

母は私と二人きりになると、落ち着きをなくしてビクビクしていましたが、一週間も過ぎると、少し安心したのか、元の私だけへの横柄な言葉づかいが戻りました。

その間、私は母とのセックスを思い出し、毎晩オナニーをしていました。

母とのセックスを一生一度のものにするつもりなどはありませんでした。むしろ、あのとき以上の屈辱を母に与える方法はないかと、思案していたのです。

「食べ終わったら、早く宿題しなさい！　次の試験まであと二週間でしょ」

私と二人きりの夕食後、母は洗い物をしながらキツイ調子で言いました。

わたしは母の後ろにそっと近づくと、スカートの上から母のお尻をなでました。

「ちょっ……なにするの？」

着衣の上からでも、女の人のお尻はこんなに柔らかいのかと、内心驚きました。やったことはありませんが、電車の痴漢の気持ちがわかるような気がしました。

「母さんのお尻、すごく柔らかいね。さわってて気持ちいいよ」

わざといやらしい口調で言うと、母は困惑しきった顔にひきつった笑みを浮かべ、

「やめなさい。冗談がすぎるわよ」

そんな言い方をしました。おそらく母の中では、あの出来事はなかったことになっていたのでしょう。でもぼくは、そうはさせるかという思いでした。

「母さんとのセックス、すごく気持ちよかったよ。母さんもだろ？」

母の耳元でささやくと、母は、こんな表情ができるのかと思うぐらい狼狽《ろうばい》していました。

「でもぼく、反省したんだ。母さんのオマ○コは父さんのものだって。ぼくがチ○ポ入れていいところじゃないんだって」

下卑た言い方に母は顔をしかめましたが、内容には少し安心したようでした。

私はさらに母の耳元に顔を近づけ、声を落として、

「母さん、後ろのほうに、もう一つ穴があるよね?」

キッチンで皿を洗っていた母の手が完全に止まりました。最初はほんとうに意味がわからなかったようです。

「これ、買っといたんだ。これなら後ろに入れても平気だろ?」

私はポケットに入れていたコンドームを母の顔の前でヒラヒラさせました。

コンドームを持っていたことにまず驚き、続いて後ろの穴の意味も理解したようでした。母の顔にまた恐怖が浮かび、私はペニスが最高に屹立するのを覚えました。

「そうだよ。これをはめて、母さんのお尻の穴に、ぼくのチ○ポを入れようと思うんだ。素敵だろ?」

「ちょっと、こんなこと、もうやめましょう……親子なのよ?」

親らしい分別くさい言い方がしゃくにさわり、私は母の髪を乱暴につかみました。

「誰も見てないところで子どもを蹴ったり殴ったりしてる女が、なに偉そうに言ってるんだ? それとも、尻の穴はもう父さんに開発されたのか?」

「バカなこと言わないで！　そんなことするはずないでしょう！」

親子の間で、夫婦の睦事《むつごと》はタブーに属する話題です。母はかん高い声で怒りを表しましたが、同時にお尻は未開発であると告白していました。

「そうか。じゃあぼくが母さんの後ろの処女を奪ってやるよ。バージン喪失、なつかしいだろ？」

私は可能な限り母を傷つけようと、意識して汚い言葉を使っていました。冷蔵庫に向かうと、バターを出しました。銀紙で四角く包まれた使い切り用の個包装のものです。

「どこでやる？　母さんたちの部屋のベッドがいい？」

私は世間話でもするような口調で、呆然と立っている母に聞きました。そうして乱暴に背中をつかみ、床に押しつけました。

「ここでいいよな？　そのままスカートを脱いで四つん這いになれよ」

母はうつぶせの格好でうずくまったまま動こうとしませんでした。

「こないだみたいにぼくが無理やり引っぱったら、ホックが飛んでスカートがダメになっちゃうぞ」

私は優しい口調で言いましたが、やはり母は動きませんでした。

「しょうがないなあ。ぼくが脱がせるしかないか」

私がスカートのホックとファスナーに手をかけると、母は手でかばって抵抗しようとしました。私は母の頭を手のひらで張り、抵抗する気力を喪失させました。

「四つん這いになれって言ったろ。そう……そうだよ。もっとお尻を上げて」

レースの施《ほどこ》されたエレガントな赤いパンティが、ストッキングに透けていました。

「エッチなパンティはいてるんだね。今夜父さんとする気だったのかい？　それともぼくにこんなことされるのを期待してたのかな？」

母は屈辱的な姿勢のまま、嗚咽《おえつ》をあげていました。十六年分の溜飲が下がる思いでしたが、ズボンとトランクスを脱ぎ、初めてのコンドームをつけるのに忙しく、ざまあみろと歓喜にふける余裕はありませんでした。

母のストッキングとパンティを同時に引きずりおろしました。

「ああ、やめて。お願い、見ないで……」

お尻だけを突き出した格好のまま、母は片手を後ろに回し、指を広げて隠そうとしました。私はその手をどかし、母の肛門とその下の恥毛に包まれた性器を見つめました。

個包装のバターを、コンドームの上からペニスに塗りました。

残ったバターを母の肛門にベトッと当てると、冷たかったのか、母は「ひんっ」と高くて短い声をあげ、お尻の穴をキュッとすぼめました。

母のお尻とコンドームに包まれたペニスは、バターでテラテラに光っていました。

「さあ母さん、お尻の力を抜いて。ここにチ○ポ入れるんだから。緊張するのはわかるけど、力を入れてると切ちゃうぞ」

「ああ、やめて、やめて……こんなこと」

母は泣きくずれながら懇願してきましたが、もちろん聞く気はありません。

屹立したペニスの先を母の肛門にギュッと押し当てると、「んああっ!」とうめき、尻穴をすぼめようとしました。

「力を抜けって言ったろ! 切れて肛門科に通いたいのか」

母の白いお尻にビンタを食らわせると、恨めし気な泣き声をあげたまま、母はすべてを諦めたようにお尻の力をすっかり抜きました。

「そうだ。動くなよ。母さんもすぐに気持ちよくなるはずだから……」

私は子どもの頭をなでるように母のお尻をなでさすると、ゆっくりと母の肛門にペニスを埋没させていきました。

「あんっ、あああんっ！　ダッ、ダメッ、そんなところ……ああっ、あああっ！」

母親で童貞喪失したばかりでも、その声が痛みばかりではないことがわかりました。エッチなビデオで聞く女性の悦びの声が混じっていたのです。

「ほら、気持ちいいだろ。どうだい？　息子に肛門を犯される気分は？」

母を煽りつつ、自分自身も奥歯を嚙み締めていました。

性器とは異なるなめらかな挿入感でした。バターの助けもあったでしょうが、何か縦に無数の溝が掘られているようなうっとりするなめらかさだったのです。

「ああ、母さんのケツの穴、すごくぼくを歓迎してくれてるよ……意地悪しか言わない口とは大違いだ」

母は「あっ、あんっ……あっ、ああっ！」と声にならない声をあげていましたが、私はかまわずに、ただ自分の感情にまかせて感想を述べていました。

私は腹筋に力を込めながら、ゆっくりとピストン運動を始めました。

「あんっ！　動いちゃだめ……あああっ、だめ、もっとゆっくり……」

母は高い声でうめいていました。聞き慣れたヒステリックな声ではなく、夢見るような高いトーンでした。

「すごいよ、母さんのコーモン。ぼくの大きくなったチ〇ポ、すっかり呑み込んでる。ここ、ぼく専用だよ。父さんとはしちゃダメだよ」

口にするだけで罰が当たりそうなことを言いつつ、ピストンに合わせて引きつ戻りつする母の肛門を見ていると、次第に私の息も荒くなっていきました。

「母さんっ、気持ちいいよっ！　もうすぐ、出そうだっ！」

お尻ピストンで床に押しつけた頭まで前後に揺らしつつ、母は顔を左右に振っていました。

「ああ、こんなこと……こんな変態みたいなこと」

「そうだよ。でも母さんもだよ。息子に肛門を捧げた変態女なんだ」

努めて明るい口調で言うと、苦悶を伴う嬌声に、また涙声が混じりました。

ピストンはすぐに最速になりました。

「母さんっ、出るっ……母さんのお尻の穴に、たっぷり出すよっ！」

「ああっ、あああっ！　こんな……ああっ！」

同情を誘う慟哭《どうこく》のような声でしたが、あとから考えると、母はイッたのだと思います。

その後、しばしば母とセックス（前後ろ問わず）しましたが、母はいつもビクビクしているものの、あまり抵抗はしなくなり、私への暴力と暴言は完全になくなりました。

翌年、父と母は離婚しました。意外に思われるかもしれませんが、母と私の秘密がバレたわけではなく、まったく別の理由でです。

母は私の引き取りを強硬に主張し、調停で勝ち取りました。ふだん、あんなに恐れている私と二人きりの生活を強く望んだのです。

私はいまも結婚せず、母と暮らしています。最近母は還暦を越えましたが、外見にはとてもそんな年には見えません。退職した女性教師らしく、外ではチャキチャキしていますが、ベッドの上ではすっかり私のペットになっています。

義息に犯されまくる姿を空想する甘熟女　淫蕩な性欲のままに女芯を慰めて……

坂元恵美子　主婦・四十二歳

半年前、私は知人の紹介で知り合った同い年の男性と再婚しました。

私の最初の結婚は三十代の前半で終わり、それから十年近く一人で過ごしてきました。仕事をしていたので生活に不自由はありませんでしたが、やはりさびしさを感じることもありました。

すると、もう結婚に縁はないと思っていた私に想いを寄せてくれる男性が現れ、消えかかっていた結婚願望が再燃したのです。

同じバツイチ同士でもあり、お互いの年齢を考えればラストチャンスです。もちろんすんなりと決意できたわけではありませんが、もう一度家庭を築いてみたいという願いが私を後押ししました。

そして私を結婚に踏み切らせたもう一つの理由が、新しい夫には二十歳になる大学生の息子がいたことです。

彼は尚人《なおと》くんといい、眼鏡をかけたまじめそうな見た目の男の子でした。

初対面の席ではろくに私と口をきいてくれないので、もしかして嫌われているのかと思いましたが、そうではありませんでした。実はとてもうぶな性格で、緊張をしてろくにしゃべれなかったのです。

前の結婚で子宝に恵まれなかった私は、子どもを持つことが夢でした。

この年齢では新たに子どもを産むのは無理です。そのためたとえ血がつながっていなくても、新しく息子ができることがうれしかったのです。

何度か三人で会食を重ねるうちに尚人くんとも打ち解け、彼も私たちの結婚に賛成してくれるようになりました。

それで晴れて私たちは結婚をすることができました。新しい夫と息子、三人でバラ色の幸せな生活が待っているはずでした。

ところが結婚してすぐ、私は夫の態度に不審なものを感じはじめたのです。

いっしょに暮らしはじめて誰にも気がねする必要はないのに、なぜか私を抱こうとはしません。しかも結婚前の恋愛期間でさえ、一度も私の体に手をつけませんでした。

もうお互いにいい年で、セックスに抵抗があるはずもなく、誘われればいつでも応じるつもりでした。それでもいっこうに私を抱こうとはしないので不思議に思いましたが、それだけ私のことを大事にしているのだと好意的に解釈していたのです。

ところが結婚してひと月がたち、ふた月が過ぎてもセックスのお誘いがありません。

たまりかねて私から夫のベッドに忍び込んで誘ってみても、そっけない返事で拒否をされてしまうのです。

誤解がないように言っておきますが、それ以外では特に不満のないよい夫なのです。まじめに仕事をこなし、お酒も飲まずギャンブルをすることもありません。

そこで私はある日、どうして私を抱かないのか真剣に問いただしてみたところ、意外な返事が返ってきました。

なんと夫は性的に不能だったのです。もう何年もペニスが勃起せず、どれだけがんばろうとセックスができないのだと打ち明けられました。

それを聞いて私は強いショックを受けました。

私を抱かない理由がそんなことだったなんて。しかもそのことを打ち明けないまま私と結婚をしたのです。これではともに生活をしようとする妻への裏切り、詐欺だと言われても仕方ない行為ではないでしょうか。

しかし夫はセックスはできなくても、私のことを真剣に愛していると、何度も誓ってくれました。

その言葉に偽《いつわ》りがないことを、私はよく知っています。誠実で優しい夫には、どれだけ尽くされてきたかわかりません。夫もインポであることを長いこと悩みつづけ、そのことを黙っていたのも、私に嫌われたくはなかったからなのです。

二人で話し合いを重ねた末に、ようやく私も夫を許すことができました。

体のつながりはなくても、精神的なつながりさえ大事にすれば、夫婦でうまくやっていける。私たちはそう結論を出して、結婚生活をやり直すことにしました。

しかしその一方で、どうしてもセックスへの欲求が首をもたげてくるのです。どれだけ我慢をしようと体が疼き、私の欲求不満は日に日にふくらんでいきました。

四十路を過ぎても性欲が衰えず、熟れた体を持て余していた私は、オナニーで解消をするしかありませんでした。さすがに夫がそばにいるとできないので、朝に夫と尚人くんを家から送り出してから、一人でこっそりと楽しむのです。

やがて寝室にこもってするだけでは飽き足らなくなり、リビングで全裸になってオナニーをするようになりました。

ふだんは家族がともに生活をする場だけに、たまらない背徳感があります。それさえ興奮につながってしまう私は、淫らな女だとあらためて実感しました。

私がしていた背徳的な行為はそれだけではありません。

いつしか私はオナニーをしながら、最も身近にいる若い男性のことを思い浮かべるようになったのです。尚人くんです。

セックスのできない夫とは違い、きっと尚人くんならその気になれば私を抱いてくれる。溢れんばかりの性欲で私の体をめちゃくちゃになるまで犯してくれる
……そんな場面を想像すると、より気持ちが燃え上がりました。

もちろん、私と彼は親子なのでそんなことはありえないとわかっています。

年齢差はふた回り近く。きっと彼も私みたいな年増《としま》よりも、大学にいる若い女の子に興味があるに違いありません。

でも空想の中だけは、私のことをたっぷり愛してくれるのです。

母親と息子という禁断の関係に、私はひそかにときめきを感じていました。

ダメだとはわかっていても、親子で一線を越えてしまう。レディースコミックの世界のような話にのめり込み、だんだんと本気で尚人くんのことを意識するようになりました。

そんなある日のことでした。いつものように私は家族を家から送り出し、誰もいないリビングで裸になってオナニーを始めました。

下着もすべて脱ぎ捨て、隠し持っているお気に入りのバイブも用意してあります。

ソファに横になった私は、まずは体をまさぐって気分を高めます。

私の体は四十路を過ぎて、ややお腹のたるみが目立ってきました。以前はすっきりした美しいスタイルでしたが、さすがに年齢には勝てません。

それでも胸はＤカップ、ふっくらと盛り上がった形は男性の目を引くには十分です。

私の手は胸をわしづかみにし、力強くもみしだきます。優しくさわられるよりも、荒々しい手つきのほうが興奮してくるのです。

「あっ、やめて……」

私は襲われている気分になりきって、そう声を出しました。

相手はもちろん尚人くんです。リビングで家事をしている私に突然彼が襲いかかってくる、そんなシチュエーションを妄想しながら手を動かしました。

自分の手も彼の手のつもりで、体のあらゆる部分をさわりつづけます。胸からお尻、さらには股間へと移り、ますます私はソファの上で息を荒くします。

そして用意してあったバイブをつかみ、大きく足を開いた格好で股間の奥へ挿入しました。

「ああっ……！」

誰もいない安心感から、私は恥ずかしげもなく大きな声で喘ぎました。

スイッチを入れるとバイブがうねりだし、大きな快感が襲ってきました。

体内でイボイボが回転しながら左右にくねりつづけます。さらに根元についているいる突起がクリトリスに振動を与えてくれました。

淫らな動きを繰り返すおもちゃに、私の体はたちまちとろけてしまいます。こうなるともう何も目に入らず、ひたすらオナニーに没頭するだけです。

「ああっ、いいっ、もっと……尚人くん、もっと犯して」

私は何度も彼の名前を呼びながら、夢中になってバイブを出し入れさせました。

「も、もうダメ……イキそうっ！」

そのときでした。

あと少しで絶頂を迎えようとしてふと顔を上げると、ドアの向こうに驚いた顔の尚人くんが立っているのが見えたのです。

「えっ、ど、どうして……」

まさか彼がそんな場所にいるなんて考えてもいなかった私は、しばらく呆然としたまま固まっていました。オナニーに熱中するあまり、薄くドアが開いていたことにさえ気づいていなかったのです。

あとから聞いたことですが、どうやら尚人くんは忘れ物をとりに家に戻ってきて、ばったりと私のオナニーの現場に出くわしてしまったようです。驚きのあまり声も出せず、その場に立ち尽くして眺めていたところを私に気づかれてしまったのです。

恥ずかしい姿を見られてしまった私は、床にくずれて顔を両手でおおい、うずくまるように体を丸めてしまいました。

こんな場所で裸になりオナニーをしていたなんて、どれだけ淫らな母親だと思われてしまったことでしょう。

しかも尚人くんの名前を何度も声に出していました。息子である彼にいやらしい気持ちを抱いていることまで知られてしまったのです。

もう合わせる顔もない、このまま消え入ってしまいたい、そんな心境でした。

すると彼は床にうずくまっている私に近づき、そっと肩を抱いてくれたのです。

「お義母さん、気にしないで。勝手にのぞいていたこっちも悪いんだから」

そんな気づかいの言葉をかけられ、私は少しだけ心がホッとしました。

「でも……あんな声まで聞かれて、お義母さんとってても恥ずかしい……」

小さな声で私はそう答えました。やはりどれだけ慰められても、みっともない姿を見られてしまったことには変わりありません。顔を上げてまともに彼と目を合わせることさえできませんでした。

するとと思いがけないことを彼は口にしたのです。

「いいんだよ……おれもたまに、お義母さんのこと考えながらオナニーしてたから」

その言葉を聞いて、私は「えっ？」と信じられない思いになりました。

まさか尚人くんも私をそんなふうに見ていたなんて、一度も考えたことはありませんでした。私なんて彼から見ればオバサンで、周りには若い女の子なんてたくさんいるはずですから。

などと頭の中で考えをめぐらせていると、私の肩を抱く彼の手に力が入ってきました。彼は私の体を抱え起こし、自分のほうへ向かせたのです。

正面から彼と向き合うと、胸を間近で見られてしまいます。

私の胸は大きなサイズですが、そのぶんだけ乳首も乳輪も大きくて広がっています。特に乳輪は見られるのが恥ずかしいほどの大きさです。

その胸をまじまじと彼が見つめるので、どうしていいのかわかりませんでした。

妄想の中では何度も抱かれているのに、いざ裸を見られると恥ずかしく感じてしまうものなのです。

「お義母さんのおっぱい、乳首も大きいんだね。どんな形かずっと想像してたんだよ」

私は顔から火が出そうでした。でも、ちょっとだけ見られて興奮してしまう、そんな気持ちでした。

「こんなおっぱいの形で変じゃない?」

「そんなことないよ。とってもいやらしくてきれいだよ」

私の胸をそう言ってくれるなんて、うれしくて感激してしまいました。お世辞にもきれいなんて言えるような乳首ではないのに、私のためにほめてくれたのですから。

「ちょっとだけ、舐めてみてもいい?」

「ええ、好きなだけ舐めてちょうだい」

私の胸を見ているうちに我慢ならなくなったのでしょうか。彼からそう言われた私は、喜んでソファの上に横になりました。

上からおおいかぶさってきた彼は、さっそく両手で胸をわしづかみにしながら、乳首に唇をつけました。オナニーで硬くなった乳首をまるごと口に含み、そっと吸いはじめます。

私は天井を見上げ、うっとりとため息を出しました。

彼の胸への愛撫はかなりソフトです。まだ遠慮しているのか、軽く乳首を唇で挟みながらチロチロと舌を這わせてくるだけでした。

私にはその刺激が、こそばゆくもとっても気持ちいいものでした。想像の中の荒々しさとは正反対ですが、現実にいる彼の唇だと思うと体がとろけてしまいそうです。

彼の手は反対の胸のふくらみを押しつぶし、こねるようにもみしだいています。どんな感触をしているのか確かめているような手つきでした。大きいぶんだけやわらかく、ちょっと張りを失いかけていますが、よほど彼は気に入ってくれたようです。

しばらく彼のソフトな愛撫に身をまかせていた私は、ムズムズする体の疼きに耐えかねてこう言ってしまいました。

「ねぇ……お義母さん、もっといろんなところをさわってほしいの」

「どこ？」

彼も私がどこをさわってほしいのか、わかっているはずです。それでも意地悪く聞いてくるのは、私のおねだりする姿を見たがっているのでしょう。

「もう、おま○こよ。尚人くんに、ここをさわってほしいの」

恥ずかしさをこらえて私は足を広げてみせました。

さっきまでバイブが突き刺さっていたそこは、ぐっしょりと濡れたままです。セックスがしたくてたまらない、いやらしくヒクヒクしたおま○こを、彼の目に見せつけました。

彼は目を輝かせて私の股間に顔を近づけ、手を押し当ててきました。

「あんっ……」

割れ目をふさぐように手のひらをこすりつけられ、思わず声を出してしまいました。

手が上下に動くたびに、ヌルヌルとした液が股間全体に広げられていきます。自分の手とはまるで違う動かし方に新鮮な刺激を感じ、私はうっとりとなりました。

「もっと中のほうもグリグリして……そこがいちばん感じるの」

私のおねだりに彼も指を挿入してこたえてくれました。指をズブリと突き刺し、根元まで深く埋め込んでくれたのです。

「すごい。お義母さんのおま〇この中、いっぱい動いてる」

「はあっ、そうよ。お義母さん、とってもいやらしいから勝手にヒクヒクしちゃうの。それにいっぱい濡れてるでしょ。尚人くんのことを考えてると、いつもこうなっちゃうのよ」

どんどん淫らになってゆく自分を抑えきれなくなり、私は刺激的な言葉で彼を挑発しました。

そんなことを言われて彼も興奮したのか、股間の奥を指先でまさぐりながら、腰を私の体に押しつけてきました。

ズボンの内側が硬くふくらんでいるのを感じます。息を荒げ、しきりに下半身をこすりつけてくるのです。

彼はまだ二十歳の男の子です。性欲は溢れるほどあるでしょうし、いますぐにでも発散したいに違いありません。

「ねぇ、尚人くんはお義母さんとセックスしたい？」

私の問いかけに、彼は興奮気味に「う、うんっ」と答えました。

私からそう言われることを待っていたのでしょう。私と同様に、彼も私を抱きたいとずっと思っていたはずです。お互いに相手のことを思いながらオナニーするほどひかれ合っていて、こうなってしまうのは自然なことだったのかもしれません。

「じゃあ、その前に尚人くんのおち○ちん、お義母さんに舐めさせて」

「わかったよ。待ってて」

そう言うと、さっそく彼はズボンを脱ぎはじめました。あせっているのか足を引っかけてつまずきそうになり、かなり気持ちがはやっている様子が伝わってきました。

下着も脱いで目の前に突き出されたのは、目を見張るほど勃起したペニスです。こんなにも鋭くそそり立つものは見たことがありませんでした。

「すごい……こんなに硬くなってるなんて！」

指で硬さを確かめると、そのまま唇をペニスの裏側に押しつけました。

両手で彼の腰を引き寄せ、ひざまずいて顔を股間に埋めます。最初は舌でいろんな場所をペロペロと舐め、唇を唾液で濡らしてこすりつけてあげました。

若いだけにかなり敏感で、舌を使っていると彼のため息が聞こえてきます。ペニスを愛撫する少しの刺激にも反応してくれました。

あまりにおいしいので、私がなかなか唇を離さないでいると、快感をこらえきれなくなっているのか、彼の声に余裕がなくなってきました。

「ま……まだ?」

「もうちょっとだけ、舐めさせてちょうだい」

はちきれんばかりにふくらんだ初々しいペニスは、いくら舐めても飽きることがありません。唾液でベトベトになるまで舐め尽くしてから、ようやく唇から解放してあげました。

「よく我慢したわね。じゃあご褒美に、お義母さんの中に入れさせてあげる」

私のその言葉に、彼は大喜びで体を重ね、すぐにでも挿入しようとしていました。

しかしせっかく私が足を広げて待っているのに、なかなかうまくいきません。

先っぽを入れようとするとツルッとすべったり、角度が合わずに外に飛び出したりするので、彼はあせるばかりでした。

「落ち着いて。ほら、こうすれば簡単に入るでしょ」

私はペニスに手を添えて、挿入の手助けをしてあげました。

すると悪戦苦闘していたのが嘘のように、すんなりと私の中へ入ってきました。

ペニスの先が奥へもぐり込み、私と彼の体はがっちりとつながりました。

「ああっ、気持ちいいっ!」

うれしそうな彼の声。私は興奮で上擦った声を聞きながら、ふと頭に浮かんだことを彼に聞いてみたのです。

「ねぇ……もしかして、尚人くんは初めてだったの?」

彼は私に向かって「うん」とうなずき、ばつが悪そうにしていました。

私の体を愛撫しているときから、どことなく慣れていない手つきだと思っていたら、やはり童貞だったのです。いまどきの子で二十歳になっても童貞なんて珍しいかもしれませんが、内気な性格で女性と知り合う機会がなかったのでしょう。

「あっ、待って。そんなに締めつけられたら……」

まだ動いてもいないのに、もう限界に近い声を出しています。私のあそこの内側がよっぽど気持ちいいようです。

「ふふっ、あせらなくてもいいのよ。自分のペースで腰を動かしてみて」

初めての挿入の手助けだけでなく、セックスの指導までしている私と彼は、まるで先生と生徒です。

彼は私の教えに従って、最初は遠慮がちに、埋め込んだペニスを引き抜いてゆっくりと腰を押しつけました。

何度も止まったり休んだりを繰り返しながら、少しずつコツをつかんできたようです。クイクイと腰を前後させる動きに合わせ、彼の表情も落ち着きをとり戻したように見えました。

「あっ、いい……尚人くんのって、とっても硬くてたまらないわ」

さほど激しくはないものの、ペニスを出し入れされるうちに、私の体も快感が高まってきました。もちろん経験豊富な男性のテクニックで突かれることも最高ですが、彼のようにぎこちなく抱いてくれるのも母性本能をくすぐるのです。

「信じられないよ、お義母さんと生でセックスできるなんて。でも、もう……」

「射精したくなっちゃった？」

あまりに早すぎて、申しわけなく感じているのでしょう。うなずいたまま腰の動きを止め、発射しそうなのを必死にこらえています。

そこまでいじらしい姿を見せられると、私も彼のたまったものを体でたっぷりと受け止めてあげたいと思い、「いいわよ、出しなさい」と言ってあげました。

「こ……このまま中で出してもいいの？」

私は彼と体を密着させたまま、下から腰をくねらせました。さらに力を入れてキュッとペニスを締めつけてやります。

そうするとほぼ同時に、彼が「ああっ」と声をあげました。

すぐさまはねるようにペニスが突き上がり、私の体内に粘ついたものが広がりはじめました。あれほど我慢していたのに、最後はあっけないほど簡単に爆発してしまったのです。

「うっ、ああっ……！」

射精している最中も、彼は気持ちよさそうに顔をしかめながら、しきりにうなり声を出していました。中出しをすると男性は最高に気持ちいいと聞きますが、初体験の彼にはたまらない刺激だったのでしょう。

ようやく射精が収まると、つながったままの彼は顔を上げてこう言いました。

「ごめんね、初めてだったから……」

「うふふっ、いいのよ。お義母さんも久しぶりに本物のおち○ちん入れてもらえて、すごく満足したから」

本当は短い時間のセックスには物足りなさがありましたが、尚人くんの童貞をいただけたというだけで私は大満足でした。

それからというもの、夫に隠れて私たちが関係を持ちつづけているのは言うまでもありません。

まだまだテクニックも未熟で私よりも早くイッてしまいますが、これからもっと回数を重ねていけば、私にぴったりのセックスパートナーになってくれるはずです。

何よりも私は欲求不満をオナニーで解消する必要がなくなり、いまでは毎日がとても充実しています。

◉読者投稿手記募集中！

素人投稿編集部では、読者の皆様、特に**女性の方々からの**手記を常時募集しております。真実の体験に基づいたものであれば長短は問いませんが、最近のSEX事情を反映した内容のものなら特に大歓迎、あなたのナマナマしい体験をどしどし送って下さい。

●採用分に関しましては、当社規定の謝礼を差し上げます（但し、採否にかかわらず原稿の返却はいたしませんので、控え等をお取り下さい）。

●原稿には、必ず御連絡先・年齢・職業（具体的に）をお書き添え下さい。

〈送付先〉
〒101-8405
東京都千代田区神田三崎町 2－18－11
マドンナ社
「素人投稿」編集部　宛

◉新人作品**大募集**◉

マドンナメイト編集部では、意欲あふれる新人作品を常時募集しております。採用された作品は、本人通知のうえ当文庫より出版されることになります。

【応募要項】 未発表作品に限る。四〇〇字詰原稿用紙換算で三〇〇枚以上四〇〇枚以内。必ず梗概をお書き添えのうえ、名前・住所・電話番号を明記してお送り下さい。なお、採否にかかわらず原稿は返却いたしません。また、電話でのお問い合せはご遠慮下さい。

【送付先】 〒一〇一‐八四〇五　東京都千代田区神田三崎町二‐一八‐一一　マドンナ社編集部　新人作品募集係

相姦白書《そうかんはくしょ》スペシャル　忘《わす》れられぬ熟母《じゅくぼ》の裸体《らたい》

二〇二四年　三　月　十　日　初版発行

編者◉素人投稿編集部【しろうととうこうへんしゅうぶ】

発行◉マドンナ社
発売◉二見書房
東京都千代田区神田三崎町二‐一八‐一一
電話　〇三‐三五一五‐二三一一（代表）
郵便振替　〇〇一七〇‐四‐二六三九

印刷◉株式会社堀内印刷所　製本◉株式会社村上製本所　落丁・乱丁本はお取替えいたします。定価は、カバーに表示してあります。

ISBN978-4-576-24002-2◉Printed in Japan◉©マドンナ社

マドンナメイトが楽しめる！　マドンナ社**電子出版**（インターネット）……………https://madonna.futami.co.jp/

Madonna Mate